TOUTE L'HISTOIRE DE FRANCE

DU MÊME AUTEUR

Jean-Claude Barreau est l'auteur de quarante-deux livres, dont:

ESSAIS

Liberté, Égalité, Immigration ?, L'Artilleur, 2016
Un capitalisme à visage humain - Le modèle vénitien, Fayard, 2011
Tout ce que vous avez toujours voulu savoir sur Israël, Toucan, 2010
Nos enfants et nous, Fayard, 2009
Les Racines de la France, Toucan, 2008
Toute la géographie du monde, Fayard, 2007 ; Livre de Poche, 2009
(en collaboration avec Guillaume Bigot)
Y a-t-il un Dieu ?, Fayard, 2006
Toute l'Histoire du monde, Fayard, 2005 ; Livre de Poche, 2009
(en collaboration avec Guillaume Bigot)
Les Vérités chrétiennes, Fayard, 2004
Bandes à part, Plon, 2003
Tous les dieux ne sont pas égaux, JC Lattès, 2001
Le Coup d'État invisible, Albin Michel, 1999
La France va-t-elle disparaître ?, Grasset, 1997
Les Vies d'un païen, Plon, 1996
Biographie de Jésus, Plon, 1993 ; Pocket 1994
De l'immigration, Le Pré-aux-Clercs, 1992
De l'islam et du monde moderne, Le Pré-aux-Clercs, 1991
Du bon gouvernement, Odile Jacob, 1988
Pour une politique du livre, Dalloz, 1982
(en collaboration avec Bernard Pingaud)
La Prière et la drogue, Stock, 1974
Qui est Dieu ?, Seuil, 1971
La Foi d'un païen, Seuil, 1967 ; Livre de vie, 1968

ROMANS

Oublier Jérusalem, Actes Sud, 1989 ; J'ai lu, 1991
Les Innocents de Pigalle, JC Lattès, 1982
Le Vent du désert, Belfond, 1981
La Traversée de l'Islande, Stock, 1979

JEAN-CLAUDE BARREAU

TOUTE L'HISTOIRE DE FRANCE

L'ARTILLEUR

NOTE DE L'ÉDITEUR

Nous avons souhaité faire figurer en bonne place le sommaire de cet ouvrage pour que le lecteur saisisse, dès l'abord, l'originalité du propos.

On prend ainsi conscience qu'il y a une histoire de France avant la France, cette dernière ne surgissant qu'au IXe siècle de notre ère.

On voit que la France connut deux apogées, celui du Moyen Âge (XIIe et XIIIe siècles) et celui des temps classiques jusqu'à la Révolution (XVIIe et XVIIIe siècles) où son histoire s'identifie d'une certaine manière à celle du monde.

Mais elle faillit aussi disparaître deux fois : en 1420 avec la guerre de Cent ans et en 1940 lors de la Seconde Guerre mondiale.

L'éditeur souligne que ce texte est un récit et non une sèche chronologie, un récit plein de gloire, de désastres et de passion, comme l'Histoire de France elle-même.

Si la fidélité aux faits est absolue, les interprétations de l'auteur sont éclairantes, parfois surprenantes, essayant toujours de comprendre le présent indécis de la Nation française à la lumière de son passé millénaire.

ISBN 978-2-81000-708-0

Éditions de l'Artilleur/Toucan – éditeur indépendant
16 rue Vezelay – 75008 Paris

www.lartilleur.fr

SOMMAIRE

PREMIÈRE PARTIE
(de - 900 à + 987)
LA FRANCE D'AVANT LA FRANCE

DEUXIÈME PARTIE
(de 987 à 1789)
LA FRANCE DE L'« ANCIEN RÉGIME »

TROISIÈME PARTIE
(de 1789 à 2016)
LES SIÈCLES RÉPUBLICAINS

PREMIÈRE PARTIE

LA FRANCE D'AVANT LA FRANCE

CHAPITRE I

GAULOIS ET ROMAINS

DE - 900 À + 410

La France nous semble une réalité naturelle tellement nous en avons intégré l'image, celle de l'hexagone parfait de nos cartes murales scolaires et de nos écrans météo télévisuels.

En dépit de nos sentiments et des apparences, la France est au contraire un pays complètement artificiel qui aurait pu ne pas être et dont l'édification au cours des siècles fut le fruit d'une volonté politique opiniâtre et d'une idée originale. C'est pourquoi il est important d'en connaître l'histoire, car la France n'est pas le produit d'une géographie évidente, comme l'Angleterre; elle est le résultat d'une construction historique aléatoire. La volonté politique a été celle du pouvoir parisien. L'idée directrice fut d'unir dans un même État la mer du Nord et la Méditerranée, union rien moins que naturelle. Le monde méditerranéen, univers original et clos sur lui-même – « Méditerranée » signifie « mer enfermée de terres » –, n'a rien à voir avec celui des grands espaces que l'on trouve sitôt franchies les cimes des Pyrénées, des Cévennes ou des Alpes (pour ne parler que de l'Occident), espaces où s'achève la grande plaine eurasiatique venue des immensités sibériennes.

Bien qu'elle soit l'une des plus vieilles nations de la planète (un acte notarial, le traité de Verdun, constitue en quelque sorte l'« acte de naissance » de notre pays. Rédigé l'année 843 de notre ère, cet acte donne à la France, en 2011, l'âge respectable de

1 168 ans !), la France n'existe pas « de fondation ». Plus d'un millénaire d'histoire s'écoule avant qu'elle ne finisse par surgir sur le territoire qu'elle occupe aujourd'hui.

Dans toute « histoire de France » existe en fait une longue histoire « d'avant la France », abusivement annexée à celle-ci.

Deux mille ans avant Jésus-Christ, le nombre des hommes explosa dans notre pays jusqu'à atteindre trois millions.

Non pas que les Gaulois, les Romains, les Grecs, les Ligures, les Basques, les Wisigoths, les Francs ne concernent pas notre pays, ils sont le terreau sur lequel il est né ; mais à leur époque la France n'existait pas encore. C'est évidemment encore plus vrai pour la préhistoire.

« L'aventure humaine commence avec les tombes », a dit Pierre Chaunu. Or, les tombes préhistoriques, certaines vieilles de quarante mille ans, parsèment notre territoire pour la raison simple qu'il est habitable depuis l'apparition de l'Homme. Aux époques glaciaires longues de quatre-vingt mille ans, les glaces se sont arrêtées en Belgique alors qu'elles recouvraient l'Angleterre, l'Europe et l'Amérique du Nord ; le climat de nos régions était alors semblable au climat actuel du Canada et de la Sibérie. Traces de mammouths, d'aurochs et d'hommes n'ont donc jamais été effacées par les glaces.

L'homme de Néandertal et l'*Homo sapiens* coexistèrent là, y laissant de nombreux et magnifiques témoignages de leur présence : tombes de La Chapelle-aux-Saints, superbes peintures rupestres, anciennes de vingt mille ans, de la grotte de Lascaux.

Plus tard, des populations inconnues surent élever, sur toute la façade atlantique et même loin à l'intérieur des terres, des pierres gigantesques dressées comme des phallus, les menhirs mégalithiques, ou assemblées comme des portiques, les dolmens.

Elles évoquent, par les moyens techniques employés, les statues de l'île de Pâques. Notre territoire est ainsi le paradis des préhistoriens.

Ces chasseurs des temps anciens n'étaient pourtant pas très nombreux, vingt mille peut-être à l'époque de Cro-Magnon, répartis en trois cents campements sur le territoire actuel.

Avec la révolution agricole, deux mille ans avant Jésus-Christ, le nombre des hommes explosa dans notre pays jusqu'à atteindre trois millions, l'agriculture permettant effectivement de nourrir sur le même espace cent fois plus d'hommes que la chasse !

Le climat avait aussi changé. Depuis quatorze mille ans, nous sommes en effet entrés dans l'époque interglaciaire (vingt mille ans). Il s'est mis à faire plus chaud. Les glaciers ont fondu. Le niveau de la mer a remonté, séparant la France de l'Angleterre par le bras de mer de la Manche et du Pas-de-Calais, dont le climat est propice à la vie agricole et à la forêt. Mais la différence entre le climat océanique de la plus grande partie du territoire et celui de la Méditerranée en fut accentuée, et avec elle la différence entre les hommes.

À l'occident du vieux monde, la Méditerranée est un univers en soi. Plus longue que large, elle creuse dans le « Tri-Continent » que constituent l'Europe, l'Asie et l'Afrique une échancrure dont le climat, très original, résulte du contact entre l'immense désert du Sahara qui la borne au sud et les pluies océaniques venues de l'ouest. L'été, l'anticyclone saharien recouvre cette mer, il y fait beau et sec. L'hiver, les hautes pressions reculent et laissent entrer les perturbations atlantiques qui amènent des averses de pluie (de neige en altitude). Deux saisons seulement, rudes l'une et l'autre, mais lumineuses car, l'hiver, le soleil brille entre les averses. Nous l'avons dit, la Méditerranée est un monde clos borné par le désert et les montagnes (Atlas, Alpes, Balkan, mont Liban, etc.). Seuls deux fleuves curieusement comparables et opposés, se terminant tous les deux par un delta (chez nous, la Camargue) ouvrent la mer intérieure aux influences du dehors, le Nil et le Rhône. On n'y trouve également que deux paysages, la lagune et la montagne favorables aux ports naturels.

La Méditerranée était et reste le centre du monde. Même aujourd'hui, une puissance n'est hégémonique que si elle domine cette mer. Pourtant éloignés d'elle, les États-Unis sont contraints d'y entretenir une flotte. C'est aussi une mer magnifique, douce à l'homme malgré ses colères, « la mer » par excellence. « Thalassa, Thalassa », criaient les Grecs en la voyant. Sur ses bords ou très proches de ses rivages ont surgi les premiers États, l'Égypte et la Mésopotamie, puis les Phéniciens qui inventèrent l'alphabet, les Crétois, les Étrusques et les Grecs.

La Méditerranée était et reste le centre du monde

Rome enfin, héritière de la Grèce, en avait fait l'unité, ayant triomphé, après une lutte à mort, des Phéniciens de Carthage. Et cette unité, unique dans l'histoire, durera cinq siècles. Au premier siècle avant notre ère, l'Empire romain, bien que Rome se voulût encore « république », était constitué. Rome dominait l'ensemble des péninsules méditerranéennes – Italie, Espagne, Maghreb, Balkans, Anatolie, rivages libanais. Les Romains pouvaient, légitimement déjà, appeler la Méditerranée « notre mer », « *mare nostrum* ». Mais ils n'en contrôlaient alors que les rivages, y compris cette bande de terre qui unissait l'Italie à l'Espagne qu'ils nommaient la « *Provincia* », (les « bouches du Rhône ») avec la cité de Marseille fondée cinq siècles auparavant par des Grecs de Phocée venus d'Asie mineure (la « Cité phocéenne » dont parle quotidiennement le journal sportif *L'Équipe*). Dès que l'on remontait le fleuve, on débouchait sur un autre monde, celui océanique et sauvage des Celtes ou Gaulois.

Les Gaulois, ou Celtes, envahisseurs, venus de l'est au premier millénaire avant Jésus-Christ, étaient des cultivateurs laborieux, des défricheurs qui avaient commencé d'essarter l'immense forêt atlantique. Par vagues successives, les Gaulois avaient investi un espace qui allait des îles britanniques (britannique = breton = gaulois) aux confins méditerranéens. Jadis, ils avaient occupé ces confins que l'on appelait encore « la Gaule cisalpine »n l'Italie du Nord . Et même en 390 avant Jésus-Christ, les Gaulois avaient osé prendre d'assaut la jeune cité de Rome à l'exception du Capitole (la citadelle). Depuis, les Romains, revanchards, avaient conquis durement la Gaule cisalpine et la *Provincia*, cette dernière afin de réunir leurs possessions de la péninsule Ibérique à celles d'Italie ; mais la majeure partie du monde celte leur restait étranger. C'était un monde océanique, un monde de plaines dépaysant pour les Romains habitués au soleil méditerranéen, étrangers aux plaines (les plaines méditerranéennes sont minuscules, à l'exception précisément de celle du Po où les Gaulois avaient pu trouver leurs aises). Les territoires celtes étaient tournés vers l'ouest, sur le grand océan dont les tempêtes et les brumes gênaient les galères. Les fleuves de la Gaule continentale s'y jettent tous, le Rhin, la Somme, la Seine, la Loire, la Garonne, ceux de la Gaule insulaire aussi, la Tamise, la Clyde.

Les Celtes semblaient aux Romains des sauvages...

Les Celtes semblaient aux Romains des sauvages d'autant plus menaçants qu'ils les savaient très nombreux, sept ou huit millions peut-être, de l'Helvétie à l'Écosse et à l'Irlande.

Ces millions de paysans ingénieux (ils avaient inventé le tonneau de cercles de bois. « Barre », « barreau », « baril » sont des noms issus du mot celte qui signifie « tonneau ») habitaient des milliers de villages, de clairières dans des cabanes en forme de hutte et profitaient du climat radouci de l'interglaciaire, climat sous lequel nous vivons encore. Ils restaient cependant des hommes néolithiques et n'avaient ni état, ni ville, ni écriture, leurs *oppidums* étant seulement des enceintes barricadées pour la sécurité des marchés.

Ils vivaient dans le cadre d'innombrables tribus plus ou moins regroupées en fédérations floues. Leur unité était religieuse. S'ils pratiquaient un paganisme polythéiste guère différent de celui des Méditerranéens, ils se caractérisaient par l'existence d'un clergé, les druides. Les prêtres romains n'étaient que des citoyens ordinaires remplissant à l'occasion une fonction religieuse. Les druides étaient au contraire de véritables prêtres et constituaient une caste sacerdotale protégée par de mystérieux rites initiatiques.

Ils croyaient et enseignaient l'immortalité de l'âme. Cette croyance confortait le courage des guerriers. À cause d'elle, ceux-ci ne craignaient pas la mort mais seulement « que le ciel leur tombât sur la tête ». Les druides coupaient le gui avec des serpes d'or et se réunissaient régulièrement, venus de tout le monde celte, pour des assemblées secrètes.

Hormis ce clergé original, les Gaulois restaient des paysans-guerriers préhistoriques. « Préhistorique » ne veut pas dire inculte : le jeune Gaulois maîtrisait des techniques évoluées (le pas de vis, par exemple), pouvait reconnaître des centaines de plantes et d'animaux et savait par cœur les milliers de vers de mythologies chatoyantes. Mais il restait inscrit mentalement dans le cadre de la tribu néolithique. Une infime minorité en relation avec leurs frères soumis à Rome avaient appris le latin et savait le lire et l'écrire.

Les populations antérieures à leur arrivée à l'ouest du Rhin avaient été assimilées à eux et tous parlaient le gaélique (le breton actuel), à l'exception des Basques.

Nombreuses et insouciantes, les tribus gauloises ne cessaient de s'opposer entre elles de manière anarchique.

Cette situation aurait pu durer longtemps si, en l'an 58 avant notre ère, Jules César n'avait été nommé gouverneur de la *Provincia*. Jules César incarne tellement le pouvoir romain que, par la suite, son nom deviendra le nom générique des empereurs – « Ave César » – et beaucoup de peuples donneront le titre de César à leurs souverains, *tzar* en russe, *Kayser* en allemand. Désireux d'acquérir une gloire militaire qui surpasserait celle de son rival Pompée, le proconsul César décida de conquérir le monde celte qui se trouvait au nord de son territoire officiel. Cette immense contrée paraissait seule à la mesure de son ambition. Une armée aguerrie, des ressources pillées dans un vaste espace lui semblaient le chemin nécessaire pour prendre le pouvoir à Rome.

Le proconsul César décida de conquérir le monde celte.

Rien n'était plus étranger au gaulois chevelu, blond, aux yeux bleus, sauvage et insouciant que le cynique méditerranéen, brun aux yeux marrons, pénétré de « civilisation » et de « politique », fort peu croyant, si ce n'est « en sa fortune », c'est-à-dire en sa chance. Jules César est pourtant, d'une certaine manière, le premier en date dans notre chronologie nationale. Car c'est bien ce Patricien venu d'ailleurs qui fit entrer notre pays dans l'histoire !

Sa résolution prise, il lui fut facile d'intervenir dans les interminables querelles des tribus gauloises. Pour commencer, il s'opposa aux Helvètes qui voulaient quitter leurs montagnes pour s'établir près de l'océan, migration qui gênait les tribus concernées par leur passage. À la demande de ces dernières, César rejeta les Helvètes en Suisse, écrasant leurs guerriers à la bataille de Bibracte.

Pour continuer, César fit semblant d'assumer le rôle de protecteur des Gaulois contre les invasions germaniques.

Grands et blonds, les Germains ressemblaient aux Gaulois, mais en plus primitifs ; piètres agriculteurs, ils se déplaçaient souvent pour piller les greniers des autres. Ceux des tribus belges d'au-delà du Rhin leur semblaient particulièrement désirables car les Germains vivaient mal de leurs cultures sur brûlis à l'est du grand fleuve. Les guerriers du chef germain nommé Arioviste, ayant franchi le Rhin, se laissaient glisser, comme un ouragan, le long du Jura. César et ses légions anéantirent Arioviste au nord de Besançon en l'an 58. Puis César franchit le Rhin sur un grand pont de bois construit en dix jours par ses sapeurs et s'en alla terroriser la Germanie afin que les Germains se tiennent tranquilles. La leçon porta et le Rhin devint pour longtemps une frontière calme.

Après ces préliminaires foudroyants, l'année 58, année de ces victoires, est aussi celle de sa nomination comme proconsul de la *Provincia*. César jeta le masque et entreprit de soumettre les tribus gauloises à l'autorité de Rome. Il fit lever la hache et marcher les licteurs.

Avant cela, pour assurer la tranquillité de ses arrières, il franchit la Manche sur une flotte improvisée, par deux fois, afin de ravager le cœur de la Gaule insulaire (l'Angleterre).

Puis il commença méthodiquement la conquête de la Gaule continentale. César trouva toujours des tribus gauloises pour combattre à ses côtés. Il récompensait les tribus amies et massacrait les autres. Les Romains en Gaule se montrèrent particulièrement impitoyables. César fit égorger plusieurs centaines de milliers de Gaulois et en envoya autant à Rome comme esclaves. Cependant, après plusieurs années de conquête, il ne put empêcher une insurrection quasi générale dont le meneur était le chef arverne (« auvergnat ») Vercingétorix, personnage symbolique que s'est annexé l'histoire de France, personnage respectable également : même César, son ennemi, reconnaît que Vercingétorix « ne s'arma jamais pour son intérêt personnel mais seulement pour la liberté des tribus ».

Le chef gaulois appliquant les pratiques séculaires de la guérilla voulait affamer les légions en faisant le vide devant elles. Cette tactique fut efficace : César songeait à se replier vers la Méditerranée quand Vercingétorix, abandonnant toute prudence, essaya de lui barrer la route. Battu, le chef arverne commit une faute encore plus inexplicable : au lieu de disperser ses bandes dans la nature, il les retrancha dans l'*oppidum* d'Alésia, Alise-Saint-Reine, sur les rebords montagneux qui dominent le sillon rhodanien. Aussitôt César fit entourer le haut-lieu d'une palissade de quinze kilomètres de circonférence, dotée d'une face tournée vers les assiégés et d'une autre tournée vers l'extérieur, pour empêcher l'arrivée de secours, enceinte ponctuée de tours et munie de toute les ressources de la « poliorcétique » la plus évoluée (« poliorcétique » = art d'assiéger les villes, catapultes, galeries de mines, etc.). Tout cela fut érigé en moins de cinq semaines par la formidable logistique romaine. La Gaule s'y brisa.

En 52 avant notre ère, la Gaule était soumise.

Les assiégés virent avec désespoir les secours renoncer et s'enfuir. Vercingétorix monta alors sur son cheval de parade, sortit de l'*oppidum* et vint jeter ses armes au pied du chef romain, sans dire un mot. C'était en l'an 52 avant notre ère. La Gaule était soumise. La rapidité de cette conquête, que César raconta dans un célèbre livre de propagande *La Guerre des Gaules*, surprend.

À peine plus de sept ans pour soumettre un pays immense, peuplé de millions d'habitants, dont de braves guerriers, alors que le proconsul disposait seulement de dix légions, c'est-à-dire de trente ou quarante mille hommes. Il est vrai que l'armée romaine savante (on a vu de quoi elle fut capable en poliorcétique à Alésia) et disciplinée était la meilleure de l'époque. Ce n'était plus l'armée de citoyens des beaux temps de la République, mais une armée de vétérans. On s'y engageait à 20 ans pour vingt ans. Au moment de sa retraite, le légionnaire recevait un lopin de terre et un petit capital. Chaque légion correspondait à l'un de nos actuels régiments.

Chacune portait un nom à l'instar de nos sous-marins nucléaires ; il y avait « la Fulminante », « la Triomphante », « la Terrible », etc.

Une légion pouvait parcourir cinquante kilomètres à pieds dans la journée avec armes et bagages, tout en construisant pour le bivouac des fortifications imprenables où elle s'enfermait la nuit. José Maria de Heredia évoque le « piétinement sourd des légions en marche ».

On peut dire que si les Gaulois étaient des guerriers courageux, les Romains étaient des soldats.

Mais cela n'explique pas tout. La véritable raison de la rapidité de la conquête est celle-ci : la guerre des Gaules n'a pas été une conquête ordinaire mais une conquête coloniale.

Or, il existe une différence capitale entre le conquérant et le colonisateur. Le conquérant combat des hommes qui vivent à la même époque que lui ; le colonisateur affronte des ennemis situés mentalement dans un temps antérieur au sien.

La guerre des Gaules n'a pas été une conquête ordinaire mais une conquête coloniale.

On parle beaucoup aujourd'hui de la colonisation sans comprendre en quoi elle consiste et ce qui la permet. Il y a « colonisation » quand il y a « décalage temporel » entre le conquérant et le conquis. Car les hommes ne vivent pas tous dans le même univers mental. En ce sens, le phénomène colonial ne date pas des temps modernes, l'Antiquité le connaissait aussi.

Et la guerre des Gaules a précisément été une aventure coloniale. En dépit de leur courage, les guerriers celtes ne vivaient pas à la même époque que les ultramodernes Romains.

Il ne s'agit pas ici de supériorité ou d'infériorité morale : le chevaleresque Vercingétorix, sur ce plan, est très supérieur au cruel et très civilisé César. Durant sa vie, César a mené de nombreuses guerres, par exemple tout autour de la Méditerranée, contre son rival Pompée mais, en Gaule, il mena une expédition coloniale.

On peut le comparer, le génie en plus, à un Bugeaud qui au XIXe siècle dirigea le même genre de campagne en Algérie et comparer, avec plus de pertinence encore, Vercingétorix à l'émir Abd-el-Kader auquel le héros gaulois ressemble à plus d'un trait. La différence est que la France traita l'émir avec respect, l'emprisonnant d'abord (mais dans un château, celui d'Amboise puis le libérant et le laissant finir sa vie glorieuse et honorée à Damas, alors que César tint Vercingétorix au cachot pendant cinq ans à Rome, avant de l'y faire étrangler à l'occasion de son « triomphe ». Tout doués et artistes qu'ils fussent, les Gaulois étaient encore des paysans préhistoriques. Pour eux, les Romains étaient des extraterrestres. Les guerriers celtes ne pouvaient qu'être vaincus par une civilisation techniquement et politiquement très supérieure à la leur. Ils ne surent pas combattre ces soldats venus de l'avenir impérial, dotés de qualités que nous qualifierons aujourd'hui de quelque peu prussiennes : l'opiniâtreté, le travail, la discipline.

Le « mental » gaulois fut anéanti par « l'espèce de stupeur mêlée de résignation et même de désespoir » dont parle Onésime Reclus (stupeur qui saisit les peuples « décalés » en présence d'envahisseurs plus modernes qu'eux).

L'histoire de notre pays commence donc par une submersion coloniale. La belle civilisation néolithique celtique sombra dans le néant ou presque. Ce qu'elle aurait pu devenir, nous n'en avons que des indices en observant les zones et les moments où elle survit et revit (quoique souvent de manière plus folklorique que réelle) : les festnoz de Bretagne, d'Écosse, du pays de Galles. Tous les gaulois étaient des gaéliques et parlaient breton : la musique, la beauté, la poésie, un monde qui eut, certes, été très différent du monde rationnel que nous imposèrent les Romains. Aussi Jules César fut-il à la fois le meurtrier et le père de notre pays.

Les Gaulois vaincus se convertirent facilement à la civilisation romaine. Ils ne firent jamais aucune tentative sérieuse pour reconquérir leur indépendance. Les Celtes farouches se transformèrent en quelques générations en « Gallo-Romains ». Cette conversion fut facilitée par la conquête, effectuée sur ordre de l'empereur Claude en l'an 43 de notre ère, de la Gaule insulaire qui devint elle aussi une province romaine.

Les légions poussèrent jusqu'au nord de l'Écosse mais ce pays parut trop boréal et pluvieux aux Méditerranéens qui se replièrent donc derrière une espèce de muraille de Chine, le « limes », édifiée par l'empereur Hadrien, dont on peut encore aujourd'hui voir les restes imposants. La différence entre l'Angleterre et l'Écosse se trouve là : les Anglais ont été romanisés, pas les Écossais. Cela prouve la vacuité du slogan à la mode : « Les frontières sont dépassées. » Fernand Braudel enseignait au contraire qu'une frontière ressemble à une vieille cicatrice. Elle peut ne pas faire souffrir mais il arrive qu'elle se rouvre. L'Irlande resta, elle aussi, en dehors de l'emprise directe de Rome, ultime refuge de la culture celte.

En Gaule, la domination romaine va durer cinq siècles.

En colonisant les pays gaulois, Rome avait ajouté à son empire méditerranéen un espace océanique tourné vers l'ouest et le nord qui lui donna une profondeur stratégique nouvelle et le contrôle d'une population nombreuse d'hommes du nord, population qui fit utilement contrepoids à l'espace hellénistique que « l'Urbs » tenait au levant (« urbs » = la ville, euphémisme pour nommer Rome). En Gaule, la domination romaine va durer cinq siècles. Rome ne domina pas seulement l'espace, elle domina aussi le temps. La raison de ce succès tient à la nature de la politique impériale. Rome était évidemment « impérialiste » (le mot vient d'elle) mais cet empire fut « assimilationniste ». C'est le seul impérialisme assimilationniste de l'histoire. Les coloniaux français en parlèrent mais réservèrent l'assimilation à quelques individus choisis. Les Anglais du British Empire pratiquaient l'apartheid. Si Rome était esclavagiste, comme toutes les sociétés de l'Antiquité, elle n'était nullement raciste et pratiquait l'assimilation des peuples conquis, tout au moins de leurs élites, jusqu'à leur donner le pouvoir sur elle-même. À partir du IIe siècle, il y eut des empereurs espagnols, gaulois, arabes. Septime sévère, le bâtisseur de la superbe Leptis Magna, était libyen.

Politiques, les Romains avaient compris que la force seule ne garantit pas la durée, comme le dira Talleyrand : « On peut tout faire avec des baïonnettes, sauf s'asseoir dessus. » Rome sut susciter l'adhésion des peuples conquis (grecs) ou colonisés (gaulois). Immense métropole d'un million d'habitants (chiffre énorme pour l'Antiquité), elle pompait les richesses du monde, mais, en contrepartie, elle assurait la loi, l'ordre et la paix – « la Paix romaine » n'est pas un mythe – et admettait les indigènes soumis dans ses armées et dans ses conseils de gouvernement.

Les Gaulois purent assouvir leur passion guerrière en s'engageant dans les légions. Dès l'année 48 de notre ère, l'empereur Claude faisait entrer de riches gaulois au Sénat de Rome (tout en ordonnant de l'autre main la dissolution du clergé des druides).

À la fin du Ier siècle après Jésus-Christ, l'écrivain latin Tacite pouvait dire aux Gaulois : « Vous partagez l'empire avec nous ; c'est souvent vous qui commandez nos légions et administrez nos provinces. Entre vous et nous, il n'y a plus aucune différence, aucune barrière. »

En 212, l'édit de l'empereur Caracalla accorda la citoyenneté romaine à tous les hommes libres de Gaule et de l'empire. Les résultats de cette politique assimilatrice furent saisissants. La paix devint si complète en Gaule que, moins de cent ans après la conquête, Rome ne gardait plus dans cet immense pays que trois mille soldats, soit l'effectif d'un régiment.

Pour ce qui concerne l'emploi de la force, il s'agit là du meilleur rapport qualité/prix de l'histoire : le minimum de force militaire pour le maximum d'effets. Il faut dire cependant que les légions n'avaient pas disparu.

Elles tenaient garnison sur le Rhin – Cologne vient du mot « colonie » – et même au-delà de lui sur les « champs Décumates » (aujourd'hui Bade-Wurtemberg) dans les deux provinces de la Germanie romaine qui servaient de bouclier à la Gaule ; neuf ou dix légions tenaient garnison, soit quarante mille soldats dont le ravitaillement et l'entretien faisaient la richesse des régions de la Gaule du Nord. La ville de Trèves, en particulier toujours ornée d'un bel arc de triomphe était ainsi le centre répartiteur des armées du Rhin.

« La Paix romaine » n'est pas un mythe.

La paix romaine fit donc vite oublier les massacres et les déportations ordonnés par César. Les Romains étaient ainsi : terrifiants dans la guerre ou la répression, magnanimes dans la paix.

Les colons italiens furent très peu nombreux, deux cent mille au maximum, surtout concentrés dans les villes grecques du Midi, mais les Gaulois se romanisèrent. La population augmenta, passant de sept à quatorze ou quinze millions d'habitants. Le « Gaulois chevelu » devint un gallo-romain strictement rasé.

Pour assurer la paix romaine et le commerce impérial qui engraissait Rome, il fallait pouvoir faire circuler rapidement les légions et les charrois de marchandises. Sous la direction d'ingénieurs latins, les Gaulois éventrèrent les forêts, jetèrent de nombreux ponts et construisirent des routes. Ces routes partaient de Lyon, ville nouvelle de cinquante mille habitants, promue capitale des Gaules en raison de sa proximité avec l'Italie. Ces routes ressemblaient à des murs posés sur la plaine, jalonnées de bornes ; elles reliaient Lyon à Mayence sur le Rhin, à Boulogne sur la Manche (en direction de la province insulaire de Bretagne), à Brest et à Bordeaux sur l'Atlantique, à Marseille sur la Méditerranée (où elles rejoignaient le réseau italien). Des routes secondaires furent construites partout et il n'est guère de région en France où l'on ne trouve quelque vestige de « voie romaine ».

Les Romains divisèrent la Gaule en trois grandes provinces, la Lugdunaise, la Belgique et l'Aquitaine (sans compter, dans le Midi, la Narbonnaise, l'ancienne *Provincia*, conquise avant César) mais, en réalité, ils territorialisèrent les tribus gauloises et les urbanisèrent. Ils firent surgir le « *pagus* », le « petit pays », dans lequel s'exprime le rapport ville-campagne : une cité et son territoire. Le territoire actuel de notre pays est ainsi constitué, au-dessous des régions et des départements de centaines de « Pagus » dont les limites ont souvent subsisté dans celles de nos « arrondissements » ruraux. Par exemple, le Vendômois garde ses frontières d'il y a vingt siècles de part et d'autre du Loir. À la différence près que, la paix régnant alors, le centre civique était situé non pas au pied d'une forteresse, comme aujourd'hui la ville de Vendôme mais au milieu de la plaine alluviale, autour des arènes. Un village en garde le nom, orthographié Areines, et les arènes existent toujours, enfouies sous les alluvions. On les distingue parfaitement d'avion et elles feront le bonheur des archéologues à venir.

Les cités étaient administrées à la manière gréco-latine, par des magistrats élus par les notables.

Les Gaulois se mirent donc à construire des centaines de petites villes, ornées de thermes comme ceux de Cluny à Paris, car la mode romaine exigeait des bains fréquents. Pour amener l'eau dans ces piscines, il fallait des aqueducs (le pont du Gard en est un bel exemple). Les villes étaient ornées de temples (la maison carrée de Nîmes) et d'arcs de triomphe (Orange, Reims, etc.). Les amphithéâtres et les arènes y étaient jugés indispensables (arènes de Nîmes, amphithéâtres d'Arles et d'Orange).

Lutèce n'était qu'une ville de quelques milliers d'habitants située sur la rive gauche de la Seine, mais elle jouissait de thermes et d'arènes à son échelle. Il y avait, en Gaule romaine, quatre fois plus de places de spectacle offertes au public que dans la France actuelle.

Les cités étaient administrées à la manière gréco-latine, par des magistrats élus par les notables. Toutes communiaient dans le culte de l'empereur de Rome.

Les campagnes se transformèrent aussi. Hommes soucieux du droit de propriété, les Romains y imposèrent progressivement le cadastre inconnu de la Gaule.

À côté des villages gaulois s'édifièrent de superbes villas (*villae*) romaines, demeures de maîtres, entourées de bâtiments agricoles, dominant un vaste domaine exploité à la manière italienne par des esclaves. L'archéologie aérienne permet d'en repérer des milliers et des milliers en tous les endroits de la Gaule ; la toponymie aussi : « Villeromain », nom fréquent, désigne une villa agricole.

Nous appelons aujourd'hui encore les jours de la semaine comme nous l'ont appris les Latins.

Progressivement, la langue latine prit la place du gaélique. Adoptée d'abord par les magistrats et les officiers, elle devint petit à petit la langue du peuple, à tel point qu'au quatrième siècle l'usage du breton avait presque disparu.

À Lyon, on enseignait avec le grec, la philosophie et le droit. Pétrone, familier de Néron, était gaulois, ainsi qu'Ausone, le dernier poète qui compte dans la littérature latine. Les dieux gaulois prirent bientôt les noms de divinités latines. Le calendrier changea : nous appelons aujourd'hui encore les jours de la semaine comme nous l'ont appris les Latins – lundi, jour de la Lune ; mardi, jour de Mars ; mercredi, jour de Mercure ; jeudi, jour de Jupiter ; vendredi, jour de Vénus ; samedi, jour de Saturne ; dimanche celui du Soleil. Il en est de même pour les mois. Dix mois, septembre étant le septième et octobre le huitième, auxquels les empereurs en ajoutèrent deux pour arriver à douze : juillet, le mois de Jules César, et août, le mois de l'empereur Auguste.

Mais de Rome, la Gaule importa aussi les défauts : l'esclavage peu pratiqué jadis par les Gaulois, la cruauté des jeux de cirque remplacèrent les récoltes de gui par les druides (mais aussi les guerres tribales). Tout le monde se souvient des tortures infligées à Blandine et à ses compagnons à Lyon en l'an 171, dans l'amphithéâtre de la ville, et de leurs raffinements de cruauté. Si la Gaule romaine disposait de davantage de places de théâtre que la France actuelle, ce n'était pas toujours pour assister à des tragédies de Sophocle mais le plus souvent pour y jouir du spectacle obscène des combats de gladiateurs et des supplices de condamnés. L'évocation du martyre de Blandine nous permet de situer l'apparition du christianisme en Gaule. Les Gaulois étaient en contact, par Rome, avec les religions orientales. On trouvait des communautés juives à Marseille et à Lyon. Les dieux des mythologies, qu'elles soient celtes ou grecques, ne contentaient plus les intellectuels gallo-romains. C'étaient des dieux lunatiques, indifférents au Bien ou au Mal. Le dieu unique des juifs, transformé peu à peu en dieu d'amour par les prophètes d'Israël, était plus séduisant. On racontait justement dans les auberges l'histoire d'un dernier prophète, Jésus de Nazareth, et l'on répétait ses sublimes paroles sur les moyens d'atteindre le bonheur.

Les « béatitudes » dans l'histoire tragique de l'humanité sont comme un rayon de lumière : « Heureux ceux qui pardonnent. » Les disciples du Nazaréen parcouraient de ville en ville les voies romaines de Gaule, proclamant le Christ toujours vivant, ressuscité après sa mort en croix. Beaucoup de Gallo-Romains se convertirent, à commencer par les esclaves et les femmes. Jésus ne proclamait-il pas que tous les êtres humains étaient égaux ? N'avait-il pas accueilli la femme adultère ? Beaucoup de soldats également ne furent pas insensibles à ce message. Jésus avait aimé discuter avec les officiers. Saint Martin, apôtre des Gaules, était un officier romain.

Les autorités persécutaient ces nouveaux croyants que l'on appelait « chrétiens ». Nous avons évoqué le martyre de Blandine. Ces persécutions étaient sporadiques. Elles ressemblaient plus à des pogroms du temps des tzars qu'à la Shoah. Pourquoi donc Rome a-t-elle persécuté le christianisme ? À l'exemple d'Alexandre ou de César, les Romains se voulaient tolérants envers toutes les religions. Le plus beau monument antique de Rome, encore intact, est d'ailleurs le Panthéon, un temple « à tous les dieux ». Le christianisme n'a donc pas été persécuté pour sa théologie ; il l'a été à cause de ses idées subversives : d'abord la « laïcité », Jésus ayant séparé la religion de la politique, « Dieu et César ». Les chrétiens, tout en se voulant de bons citoyens, refusaient de rendre un culte à l'empereur. Or, ce culte au « divin César » était le fondement idéologique de l'empire. Sur ce point, Rome ne pouvait transiger.

Beaucoup de gallo-romains se convertirent, à commencer par les esclaves et les femmes.

Ensuite, et surtout, la question de l'esclavage. Ce problème était particulièrement sensible car toute la société romaine reposait sur l'esclavage, même en Gaule. Les responsables chrétiens, les évêques eurent beau se montrer très prudents en pratiquant la casuistique – en principe, tous les hommes sont égaux, mais en pratique les esclaves doivent continuer d'obéir à leurs maîtres (on trouve déjà cela dans les épîtres de Paul) –, le principe même d'une égalité universelle des hommes sapait aux yeux de Rome les fondements de l'ordre social.

Il faut souligner qu'il s'agit, à l'époque, d'une idée fort originale, sans laquelle la « déclaration des droits de l'homme », écrite beaucoup plus tard en France par des anticléricaux au nom de la Révolution, n'aurait pas été possible ; idée originale aujourd'hui encore : pour les brahmanes hindouistes adeptes du système des castes, les hommes ne sauraient être égaux entre eux. Les Romains pensaient ainsi.

Cependant, à partir du IIIe siècle, le nombre des chrétiens ne cessa d'augmenter dans toutes les provinces gauloises. En l'an 250, l'Église de Rome y envoya sept évêques : à Narbonne, Arles, Toulouse, Limoge, Tours, Chaumont et Lutèce. Deux d'entre eux, Saint-Sernin (Saturnin) à Toulouse et Saint-Denis à Lutèce, furent exécutés par les autorités.

Au IVe siècle, les chrétiens étaient assez nombreux dans le pays pour que Constantin qui y avait sa base arrière, leur accorde la liberté de culte. L'Église put alors s'organiser et devint influente. Chaque cité gallo-romaine forma un diocèse administré par un évêque. Quand, avec l'empereur Théodose en 380, le christianisme devint la religion officielle, la Gaule vit naître l'une des églises les plus prospères de l'Empire. Les évêques prirent le pas dans les cités sur les anciennes magistratures et en devinrent les véritables chefs, rendant la justice, assurant le ravitaillement, négociant avec le pouvoir. Les pogroms antichrétiens étaient bien oubliés.

À cette époque, la Gaule trouvait son unité hors d'elle-même, à Rome.

En définitive, bien qu'il eut anéanti sa culture, effacé sa langue et confisqué ses libertés, nulle part ailleurs qu'en Gaule, l'impérialisme romain n'a laissé un aussi bon souvenir. La Gaule était devenue la grande province occidentale de l'Empire. Elle n'avait, à cette époque, pas davantage qu'aux temps celtiques, le sentiment d'une quelconque unité nationale. La Gaule trouvait son unité hors d'elle-même, à Rome.

À Lyon siégeait bien une sorte de conseil des Gaules, mais en fait le pays était une fédération de cités. Si l'on y trouvait du patriotisme, il était alors romain.

Mais quand, après l'an 330, les empereurs quittèrent Rome pour s'installer dans la ville nouvelle de Constantinople, loin de la Gaule, ce furent évidemment les évêques de Rome (l'Église glorieuse des apôtres Pierre et Paul), les « papes », qui se substituèrent peu à peu à l'autorité impériale désormais trop lointaine. L'Église de Rome remplaça naturellement l'Empire. Les papes avaient d'ailleurs relevé le titre païen de « souverain pontife » jadis porté par Jules César !

CHAPITRE II

UNE LENTE NAISSANCE

DE 410 À 987

En l'an 410 parvint en Gaule une incroyable nouvelle : Rome avait été prise par les barbares. La chute de Rome ouvre une période terrifiante de l'histoire occidentale. Cette période va durer presque six siècles.

Il faut en effet comprendre que l'époque que nous appelons Moyen Âge commence seulement vers l'an mille. On dit souvent, pour évoquer une régression, que l'on « revient au Moyen Âge ». C'est stupide. Le Moyen Âge, ce sont les cathédrales, la puissance et la gloire. On devrait à propos de ces siècles obscurs parler des « temps barbares ».

À la manière grecque, les Romains nommaient « barbares » tous les hommes qui vivaient au-delà des limites de l'Empire.

Par-delà le Rhin, on trouvait les tribus germaniques, refoulées des siècles auparavant par César. Plus primitifs que les anciens Gaulois mal fixés au sol, mauvais paysans mais bons guerriers, les Germains passaient leur temps à se battre et adoraient les forces de la nature.

Depuis longtemps, beaucoup immigraient en Gaule où ils constituaient une main-d'œuvre appréciée dans les villes et fournissaient les légions en mercenaires. « Les Germains sont partout, écrivait Ausone au IVe siècle, il n'y a pas une seule de nos familles où quelque Goth ne soit homme de service. Dans nos cités, le maçon, le porteur d'eau, le portefaix sont des Goths. »

Mais, à partir de l'an 407, les Germains franchirent le Rhin les armes à la main et d'immigrés se transformèrent en envahisseurs. Alains, Vandales, Burgondes, Wisigoths et Francs ravagèrent la Gaule. La cause immédiate des invasions germaniques fut le mouvement vers l'ouest d'autres barbares encore plus sauvages qu'eux, de race mongole : les Huns. Pour les fuir, les Germains passèrent le Rhin en 407 mais les Huns les poursuivirent en Gaule.

Les Huns étaient des cavaliers venus d'Asie centrale, en partie fixés dans la plaine de Hongrie ; ils lancèrent à partir d'elle de grandes expéditions de pillage sous le commandement d'un chef nommé Attila qui aimait se faire appeler « le fléau de Dieu ». Attila ravagea la Gaule jusqu'à Orléans. La civilisation romaine eut un dernier sursaut militaire. Le général romain Aetius réussit à réunir quelques légions, débris de l'armée impériale, et, allié pour la circonstance aux Germains, il livra bataille entre Sens et Troyes en 451 aux « Champs Catalauniques ». Attila recula. Quant aux Germains, délivrés du péril mongol, ils continuèrent de plus belle à dévaster la Gaule.

L'Empire et avec lui le monde gallo-romain se sont écroulés parce qu'ils se sont suicidés.

L'expression « invasions barbares » suggère la ruée d'innombrables guerriers le couteau entre les dents. En réalité, les peuplades germaniques étaient beaucoup moins nombreuses que les Gallo-Romains. Pourquoi alors les catastrophes de 407 (passage du Rhin) et de 410 (prise de Rome par le Goth Alaric) ?

Tant qu'il fut lui-même, le formidable État romain n'eut pas d'ennemis en Occident et repoussait facilement, avec ses légions, les barbares vers les ténèbres extérieures.

L'Empire et avec lui le monde gallo-romain se sont écroulés parce qu'ils se sont suicidés. Les dirigeants qui avaient durant des siècles gardé le sentiment de leurs devoirs et de celui du « bien commun » avaient complètement perdu ces vertus au Ve siècle.

« Une classe dirigeante, écrira Chateaubriand, tirant les leçons de l'histoire connaît trois âges successifs : l'âge des supériorités, l'âge des privilèges, l'âge des vanités. Sortie du premier, elle dégénère dans le deuxième et s'éteint dans le troisième. » Les qualités qui avaient fait la puissance des patriciens romains, puis gallo-romains – la vertu militaire, le sens de la grandeur et celui de l'État – étaient épuisées.

Les Gaulois avaient, depuis longtemps, oublié leur courage guerrier. Après l'ultime victoire des champs catalauniques, le chant du cygne de Rome en Occident contre les Huns, les Germains eurent le terrain libre pour piller, violer et tuer. Plus aucune légion n'était là pour les refouler. L'on assista alors à une formidable régression de civilisation, une espèce d'implosion, surtout en Gaule. Le progrès n'est pas automatique. De terribles retours en arrière peuvent survenir.

Le progrès n'est pas automatique. De terribles retours en arrière peuvent survenir.

Après l'an 451, en Gaule, il n'y eut plus d'État, donc plus de sécurité. Les paysans qui ont besoin de paix pour cultiver quittèrent les champs. La famine s'installa. Et comme les agglomérations urbaines ne peuvent pas fonctionner sans surplus agricole, les villes si belles des temps gallo-romains se transformèrent en ruines. On croit en général que c'est l'usure du temps qui engendre les ruines, il n'en est rien : tant qu'une civilisation est vivante, elle entretient ses monuments. Certains temples de l'Inde actuelle paraissent neufs alors qu'ils datent de trois mille ans. Les monuments sont éternels quand on les répare. Au contraire, l'état présent des arènes de Nîmes, du pont du Gard, des thermes de Cluny signifie que la civilisation gallo-romaine s'est écroulée.

L'anarchie triompha en Gaule au ve siècle.

Or l'anarchie tue bien plus que les guerres entre États : les guerres puniques entre Rome et Carthage, pourtant acharnées, n'avaient pas affecté la civilisation méditerranéenne. La chute de Rome entraîna la ruine de la civilisation gallo-romaine.

L'anarchie où le voisin assassine le voisin, où il devient impossible de circuler et donc de commercer sans se faire couper en morceaux, où le blé du paysan est arraché en herbe, est beaucoup plus destructrice que les batailles rangées. Ces réflexions ne sont pas théoriques mais toujours actuelles. Les famines de l'Afrique d'aujourd'hui, liées au désordre et au brigandage, permettent de comprendre ce que fut l'état de la Gaule au vᵉ siècle. Elle était devenue une sorte de grand « Darfour ».

On sait aujourd'hui faire de la démographie historique. La photographie aérienne, par exemple, donne une juste idée des implantations humaines à une époque donnée. Au vᵉ siècle, la Gaule romaine avait encore environ douze millions d'habitants. Deux siècles plus tard, sous les Mérovingiens, elle n'en compte plus que six. L'anarchie a fait son œuvre : insécurité, famine, disparition du commerce et des villes.

Lutèce était une belle ville gallo-romaine ; aux temps barbares, elle disparut de la rive gauche. Seul subsiste un bourg entouré de palissades, replié dans l'île de la Cité, bourg que l'on appelle maintenant Paris, du nom ancien de la tribu dont Lutèce était le centre, une espèce de bidonville sans monuments. On peut le constater aujourd'hui en visitant Paris : entre les thermes de Cluny du IIIᵉ siècle et Saint-Julien-le-Pauvre au XIᵉ siècle, rien ne fut construit !

L'état du pays était effrayant. Les bandes germaniques pillaient tout : Wisigoths de la Loire aux Pyrénées, Burgondes de la Loire au Rhône (ils ont donné leur nom à la Bourgogne) et Francs dans le nord, sur le Rhin inférieur. Il est vrai que ces Germains abandonnaient facilement leurs croyances au bénéfice de celles des indigènes. Leurs croyances n'étant pas assez fortes pour s'imposer aux indigènes, ce sont celles des indigènes qui s'imposaient à eux. J'emploie les mots « fort » ou « faible » au sens qu'ils ont en physique nucléaire où l'on parle d'« attractions fortes ou faibles », sans jugement moral. Les Gallo-romains, nous l'avons vu, étaient devenus très catholiques, serrés autour de leurs évêques et soumis au pape de Rome. Les Wisigoths et les Burgondes eurent la malchance de devenir chrétiens hors de la mouvance de la papauté ; cela leur fera tort. Les Francs pour leur part étaient encore païens mais sans grande conviction.

Du fond du malheur et de la régression, la France allait surgir.

Pourtant, du fond du malheur et de la régression, la France allait surgir. L'Église catholique y fut pour beaucoup. L'auteur de ce texte est un ferme partisan de la laïcité, mais il s'agit d'une vérité historique.

Les barbares, s'ils tuaient parfois les prêtres, les considéraient plutôt comme des « chamans » redoutables. Dans ces monastères fortifiés, l'Église conservait les manuscrits de la culture antique. Elle se proclamait « romaine » et entreprit de reconstruire la civilisation. Évidemment, à l'Orient, autour de Constantinople, subsistait un morceau d'Empire romain que les historiens modernes qualifient de « byzantin » ; mais en Occident, à l'exception de la structure ecclésiastique, c'était le chaos.

Interrogeons-nous : si le monde implosait aujourd'hui, qui le reconstruirait ? Où en sont nos églises ? Où se situe notre Empire byzantin ? Qui conserverait le savoir et pourrait transmettre le flambeau ? Les temps barbares ont été pour la Gaule une époque épouvantable, que l'on pourrait appeler les « temps mérovingiens ».

Au loin, parce qu'elle était la résidence des papes, Rome subsistait, mais elle ne comptait guère plus de vingt mille habitants, au lieu d'un million sous l'Empire, et le Colisée y servait de carrière.

Quand une civilisation perd ses raisons d'exister, de combattre, d'avoir des enfants et de leur transmettre ses convictions et sa culture, elle peut s'écrouler comme un arbre mort. Dans cet écroulement la Gaule fut emportée. Sans l'Église qui inventa la France, elle eut pu l'être à jamais. Les évêques essayèrent en effet de mettre la main sur les chefs germains. L'exemple le plus connu est celui du chef franc Clovis. On poussa dans son lit une belle et sage chrétienne, Clotilde, et, sur ses conseils avisés, le guerrier demanda le baptême. En l'année 498, premier signe d'espoir, l'évêque de Reims, Remy, baptisa Clovis avec des centaines de guerriers. Ainsi, les Francs devinrent catholiques (contrairement aux Wisigoths et aux Burgondes) et furent donc soutenus par le pape de Rome. Clovis s'affirma alors comme le chef suprême des bandes germaniques de Gaule. Le chef, mais non le roi. Rien n'est plus contraire à la réalité que l'image d'un Clovis souverain d'une Gaule unifiée. Clovis ne fit pas de la Gaule un État ; il fit, à force de ruses, de crimes, l'unité du peuple des Francs. Et ce sont les Francs qui finirent par baptiser de leur nom le pays qu'ils occupaient, « Frankreich », bientôt adouci par les Gallo-romains en doux vocable de « France ».

Sans l'Église, la France aurait été emportée à jamais.

Les successeurs de Clovis sont les rois de la dynastie dit « mérovingienne » (du nom de Mérovée, un ancêtre plus ou moins légendaire). Tristes rois, brigands plutôt, ainsi que leurs épouses.

Tout le monde a dans la tête les noms de Brunehaud, femme du premier fils de Clovis, et de Frédégonde, maîtresse d'un autre fils, et se souvient des luttes acharnées qui les opposèrent. Brunehaud, livrée au fils de Frédégonde, mourut à 70 ans, attachée à la queue d'un cheval au galop. La Gaule explosa en plusieurs dominations vagues dont les plus notables furent la Neustrie au nord-ouest et l'Austrasie à l'est.

Seul le chef mérovingien Dagobert, celui de la « culotte à l'envers » de nos comptines, conseillé par un évêque, « le bon Saint Eloi », atténua le chaos un court moment, de 628 à 638.

Les évêques encourageaient les Gallo-romains à conserver leurs lois romaines mais ils ne purent convaincre les Francs d'abandonner leurs cruels usages germaniques orientés à la Vendetta. Ainsi, en cette triste époque, le droit n'était plus le même pour tous, il n'était plus « territorial » mais « personnel », un droit pour les indigènes, autre pour les conquérants.

À regarder les chefs, bientôt surnommés « rois fainéants », on devine ce qu'étaient leurs guerriers. Grégoire de Tours, seul écrivain latin de la Gaule de ce temps, écrivit : « Rien ne fut laissé aux habitants, si ce n'est la terre que les barbares ne pouvaient emporter. » Grégoire de Tours est le type de ces évêques défenseurs du peuple de l'époque. Il résista à Frédégonde. Au VIIIe siècle se produisirent de nouveaux malheurs : venus du Sud, les Arabes, unifiés dans une religion « forte » par le prophète Mahomet, avaient conquis, après sa mort, la moitié sud de la Méditerranée, cassant en deux la mer intérieure de l'Empire écroulé. Ils déferlaient maintenant, par-delà l'Espagne soumise sur la Gaule. Et ces nouveaux venus, au contraire des envahisseurs précédents, n'avaient aucun respect pour le pape de Rome et ses évêques de Gaule. Cependant, les Francs l'emportèrent sur eux, aux environs de Poitiers en l'an 732.

Les combats de Poitiers, même si on ne les situe qu'approximativement et s'ils ne furent pas l'immense bataille que les chroniqueurs des deux camps grossirent par souci de propagande, ne sauraient être contestés. Les Arabes qui montaient leurs petits chevaux vinrent s'écraser sur le mur des guerriers du Nord armés de leur hache (la francisque) et de leur longue lance, « mur de fer » selon l'expression des chroniqueurs arabes.

Il est vrai que les Francs combattaient près de leurs bases de la Somme et du Rhin, alors que les Arabes se trouvaient fort éloignés des leurs. Il serait d'ailleurs inexact d'interpréter la victoire du chef franc Charles Martel, comme une victoire de la civilisation sur les barbares. À l'époque mérovingienne, les Francs étaient certainement beaucoup moins civilisés que les Arabes, déjà fort imprégnés de culture byzantine. Poitiers fut en fait la victoire des barbares du Nord, vaguement catholiques, contre les cavaliers du Sud, unifiés par l'islam et déjà transformés par leur passage en Syrie, en Égypte et en Afrique romaine. Le vainqueur, Charles Martel, n'était d'ailleurs pas roi mais, en tant que « maire du palais », il détenait la réalité des pouvoirs flous de l'Austrasie et de la Neustrie, d'où son rôle dans la bataille.

Au VIIIe siècle, les Arabes déferlèrent sur la Gaule.

Son fils Pépin, surnommé « le Bref » à cause de sa petite taille, voulut supprimer jusqu'au titre royal mérovingien. Très au fait de l'influence des évêques et de l'Église, il écrivit en 757 au pape Zacharie et lui demanda : « Lequel doit-il être roi ? Celui qui demeure fainéant dans son palais ou celui qui supporte le poids du pouvoir et des combats ? » Le pape lui répondit : « Il vaut mieux appeler "roi" celui qui a la véritable puissance plutôt que celui qui n'en possède que l'apparence. »

Alors Pépin fit enfermer le dernier Mérovingien dans un couvent, fondant ainsi la dynastie des Carolingiens. Puis, au nom du pape, l'évêque Boniface recréa en faveur de Pépin un vieil usage du judaïsme ancien. Il sacra Pépin, comme le prophète Samuel avait sacré David, au nom de Dieu, transplantant ainsi chez les Francs l'idéologie de la monarchie « de droit divin » de l'antique royaume de David et Salomon. Pépin reconnaissant défendit alors l'évêque de Rome contre les assauts d'autres Germains, les « Lombards ». Vainqueur, il donna au pape la souveraineté sur la ville de Rome et ses environs, créant ainsi les « États de l'Église ».

Pépin avait deux fils, mais un seul survécut : Charles dit « le Grand » (« Charlemagne »), qui devint son seul héritier. Plus intelligent et romanisé que ses prédécesseurs, Charlemagne descendit jusqu'à Rome et s'y fit couronner « empereur » à la Noël de l'an 800, pendant la messe de minuit, à la basilique Saint-Pierre (non pas l'actuelle mais celle élevée par Constantin, aujourd'hui disparue) par le pape Léon III.

L'Église rêvait en effet de reconstituer l'Empire romain. Charlemagne y crut. Avec ses guerriers, il mena de nombreuses expéditions à cet effet, de l'Espagne jusqu'au fond de la Germanie. Il s'y comportait d'ailleurs de manière barbare, surtout en Saxe. Un jour, il y fit égorger en une fois cinq mille prisonniers.

L'Église rêvait de reconstituer l'Empire romain

Paradoxalement, ses cruelles expéditions donnèrent naissance aux belles « chansons de geste », premiers témoins de la littérature française.

Dans ces épopées, Roland, neveu de Charles, avant d'être tué dans une embuscade au Pays basque à Ron-cevaux, fend d'un coup d'épée Durandal, de haut en bas, un cavalier arabe, et son cheval. Charlemagne n'eut pas de ville capitale. Il se déplaçait avec son entourage de villa en villa, la plus fréquentée par lui étant celle d'Aix-la-Chapelle. Il appartient d'ailleurs autant à l'histoire de l'Allemagne ou de l'Italie qu'à l'histoire d'une France qui n'est pas encore née, comme État, sous son règne.

Influencé par un entourage ecclésiastique de qualité (dont Éginhard qui fut son secrétaire et son chroniqueur), il essaya cependant de gouverner à la manière des anciens romains, nommant des gouverneurs, comtes et ducs, envoyant partout des inspecteurs à cheval, les « Missi Dominici » pour les surveiller.

Son règne fut long, de 771 à 814, et la paix revint un peu.

On put même édifier quelques monuments ici ou là dont l'église d'Aix-la-Chapelle, et les historiens vont jusqu'à parler de « Renaissance carolingienne ».

Mais son œuvre était obérée de deux défauts : restaurer l'Empire romain était au-delà des forces de Charlemagne ; il s'y épuise, mais c'était aussi au-delà de ses idées : il restait un barbare à demi illettré et considérait les territoires qu'il gouvernait comme des biens personnels qu'il pouvait partager à sa guise.

Quand Charlemagne voulut, croyant ainsi restaurer l'unité du monde, demander la main d'Irène, véritable « impératrice des Romains » qui régnait à ce moment-là à Constantinople (ville devenue presque aussi peuplée que la Rome antique, conservatoire de la civilisation), ce fut un éclat de rire général à la cour byzantine ; un peu comme si Bokassa (« empereur » lui aussi) avait demandé en mariage la reine d'Angleterre !

Les temps étaient si durs que le règne apaisant de Charlemagne fut magnifié par l'Église.

Cependant, les temps étaient si durs que le règne apaisant de Charlemagne fut magnifié par l'Église. Il devint un personnage légendaire : « l'empereur à la barbe fleurie ».

D'ailleurs, le titre impérial continuait de faire rêver en Occident. Finalement, ce furent les Allemands qui s'en emparèrent. Le roi de Germanie, Othon, obtiendra en 962 la couronne impériale fondant le Saint Empire romain germanique. Ce sera en outre pour l'Allemagne un facteur de faiblesse : ses souverains useront leurs forces dans cette ambition excessive au lieu de les consacrer à leur pays.

Quand Charlemagne mourut à 72 ans d'une pleurésie, son fils Louis, resté barbare dans sa tête, se hâta de partager le territoire entre les petits-fils de l'empereur.

En fin de compte, il n'en resta plus que trois : Louis, Charles le

Chauve et Lothaire. Ils se disputèrent les morceaux de l'Empire évanescent de Charlemagne.

À Strasbourg, Charles le Chauve et Louis le Germanique jurèrent de s'allier pour battre Lothaire. Afin de se faire comprendre de leurs guerriers, ils prêtèrent serment, non pas en latin, mais en langue tudesque et en langue française. Le *Serment de Strasbourg* fut ainsi le premier document écrit de la langue française naissante, un latin populaire, alors que les guerriers de l'Est, ceux de Louis, parlaient toujours un dialecte germanique, le tudesque.

Vaincu en 843, Lothaire accepta le partage. Ce fut le traité de Verdun. Il y a des villes prédestinées !

Charles le Chauve, bien qu'il renonçât à Rome et à Aix-la-Chapelle, reçut la meilleure part : toute la France occidentale à l'ouest des « quatre rivières », l'Escaut, la Meuse, la Saône et le Rhône. Longtemps, les bateliers qui descendaient le Rhône diront « le Royaume » (la France) en désignant la rive droite du fleuve, et « l'Empire » pour la rive gauche.

Le traité de Verdun marque le début de l'État français.

Comme nous l'avons dit en commençant cette histoire, ce traité de 843 marque le début juridique de l'État français et donc de l'histoire de France au sens strict. Cependant, il fallut encore un bon siècle pour que le fait corresponde au droit, car la France des Carolingiens était encore un État assez flou.

Les Arabes, ou Sarrazins, en occupaient certains rivages du Sud (la côte des Maures). De nouveaux barbares, les Danois ou Vikings, pillaient les côtes océanes.

Ces Vikings méritent l'attention. Hommes du Nord (Northmen qui donnera « Normands » en français), ils étaient aussi pillards que les autres barbares : « Du péril normand délivre-nous Seigneur », dit une prière du temps ; mais ils avaient su adapter la galère méditerranéenne à l'océan et leurs drakkars à proue de serpent étaient les navires les plus perfectionnés de l'époque. Ceux qui ravageaient la France venaient du Danemark. Se laissant glisser le long de la mer du Nord depuis leur pays, ils remontaient les fleuves, la Loire, la Seine. Ils assiégèrent plusieurs fois, mais sans succès, la petite ville de Paris retranchée dans l'île de la Cité, en 845, 856, 861 et 881.

Christianisés et francisés, les Normands ne perdirent pas pour autant leur esprit de conquête.

Incapable de se débarrasser d'eux, le petit-fils de Charles le Chauve, le roi Charles le Simple, offrit à leur chef nommé Rollon d'abandonner aux Vikings le pays qu'ils occupaient déjà, la Normandie (ce qui signifie « pays des hommes du Nord »), à condition qu'ils se reconnaissent comme vassaux du Carolingien et embrassent le christianisme.

Rollon accepta. Ce fut le traité de Saint-Clair-sur-Epte signé en 911. Dès qu'ils furent propriétaires, de brigands qu'ils étaient, les Danois se transformèrent en gestionnaires sourcilleux. La province occupée devint sure et prospère. Toute la toponymie de la Normandie rappelle ses origines danoises tantôt de manière évidente – le cap de la Hague évoque immédiatement Copenhague –, tantôt de manière voilée – « Floor » fut ainsi francisé en « fleur » et Honfloor devint Honfleur ; « Beck » devint « Bec », d'où Caudebec.

Mais, christianisés et francisés, les Normands ne perdirent pas pour autant leur esprit de conquête. En l'an 1066, leur duc Guillaume fera celle de la Gaule insulaire, alors ravagée par des Germains anglo-saxons. La tapisserie de Bayeux en Normandie, grande « bédé » du temps parfaitement conservée, mit cet épisode en images. On y voit les drakkars sur le départ, remplis d'hommes d'armes et de chevaux embarqués et prêts à traverser la Manche. 843 et 1066 sont ainsi des dates fondatrices : les deux plus anciennes nations d'Europe, la France et l'Angleterre sont nées à ces dates-là. Leur rivalité va occuper l'histoire pendant mille ans.

Cette fin du premier millénaire voit d'ailleurs partout en Europe le surgissement des nations : l'Allemagne était née en 962 sous la marque du Saint Empire romain germanique. Mais l'Église, abandonnant enfin le rêve d'une restauration de l'Empire romain, préférait maintenant favoriser l'émergence de royautés nationales : en l'an mille, Étienne instaura la couronne de la Hongrie christianisée ; en 1034, Casimir installa à Cracovie le royaume de Pologne.

Il en fut de même en France. Les rois carolingiens, répliquant le triste destin des Mérovingiens, n'y avaient plus aucune autorité. Le dernier d'entre eux, Louis V, disait qu'il ne lui restait même plus une pierre où reposer sa tête. En 987, il mourut sans descendance.

Alors les évêques et les comtes se réunirent à Noyon pour lui donner un successeur. Ils choisirent parmi eux le duc d'Île-de-France, Hugues Capet, fondateur de la première dynastie totalement française, les Capétiens. Si la France est née, juridiquement, en 843 à Verdun, elle existe véritablement depuis l'élection d'Hugues Capet, qui choisit Paris comme résidence. L'histoire de France commencée juridiquement en 843, devient en 987 la chronique d'une réalité véritablement existante : le royaume de France.

Le chevalier sur son grand cheval, revêtu de sa cuirasse, appuyé sur ses étriers est invincible.

Le pays à l'ouest des quatre rivières (Escaut, Meuse, Saône et Rhône) n'était d'ailleurs plus celui des temps barbares.

Lassée des foucades des chefs, l'Église avait en effet réussi à transformer la société française, non plus par le haut mais par le bas. Elle avait su persuader les chefs francs d'envoyer leurs enfants dans ses écoles. Là, les moines leur apprenaient à lire et à écrire en latin et en français, et leur dispensaient une forte éducation civique : ne plus tuer les ecclésiastiques, les femmes et les enfants.

L'Église fit comprendre à ces jeunes gens qu'il était plus habile de prélever des impôts sur les paysans que d'arracher leur blé en herbe et plus rentable de taxer les commerçants que de les couper en morceaux. Les évêques ne dépréciaient pas la force virile des jeunes seigneurs, ils leur apprenaient à mettre cette force au service du bien, « de la veuve et de l'orphelin », comme ils disaient.

La transformation de ces brigands en « chevaliers » fut la grande réussite historique de l'Église d'Occident. Le chevalier chevauche un grand cheval de guerre (d'où l'expression « monter sur ses grands chevaux »). Il protège le paysan au lieu de le tuer. C'était l'idéal et, en fait, beaucoup de violences subsistaient. Mais l'idéal finit par transformer ceux qui y adhèrent.

À partir du monde rural, l'Église féodale restaurait la loi et l'ordre.

Le chevalier, sur son grand cheval, revêtu de sa cuirasse, appuyé sur ses étriers (une invention du temps), est invincible. Il honore les dames au lieu de violer les femmes. Il a des droits seigneuriaux mais aussi des devoirs : rendre bonne justice, faire régner la paix dans son « ban ». La « banlieue » étant le territoire où régnait la loi, il est amusant de constater que ce mot évoque aujourd'hui des territoires sans lois.

Le « forban » comme le « bandit » ou le « banni » sont des exclus du « ban ». Le Seigneur peut convoquer les hommes d'arme dans « le ban et l'arrière-ban ».

Dans le château fort, où il réside, on distingue la « haute-cour », dans laquelle le Seigneur rend la justice, de la « basse-cour », accessible à tous. Il doit lui-même l'« hommage » au roi.

À partir du monde rural, l'Église féodale restaurait la loi et l'ordre : les commerçants purent à nouveau se déplacer. Les villes se reconstruisirent. Le pouvoir politique prit son autonomie à l'égard du pouvoir spirituel, d'où la fameuse querelle « du sacerdoce et de l'Empire », inconcevable en terre d'Islam où le roi est en même temps chef spirituel.

Malgré le sacre et le prestige de la papauté, le roi savait posséder un pouvoir politique indépendant.

Il est vrai qu'au début, ce pouvoir fut encore très faible ; le roi n'était que l'élu des grands, le « Seigneur des seigneurs », le « Negus Negusti », auquel les puissants n'étaient liés que lointainement pour une chaîne de vassalisation. Il avait donc besoin de l'Église, mais l'Église avait besoin du roi pour tenir les barons : échange de bons procédés…

Avec les Capétiens commence en France, vers l'an mille, une nouvelle civilisation qui, par certains côtés, va surpasser la civilisation gréco-romaine. La France en sera le foyer, comme la Grèce avait été celui de l'Antiquité.

DEUXIÈME PARTIE

LA FRANCE DE « L'ANCIEN RÉGIME »

CHAPITRE III

L'APOGÉE MÉDIÉVAL

DE 987 À 1328

De 987 à 1328, la couronne de France est restée sans interruption dans la dynastie capétienne, la première des dynasties véritablement nationale avant les Valois et les Bourbons. Cette dynastie a compté quatorze rois. Élus par leurs pairs, Hugues Capet (987-996) et ses trois premiers successeurs, Robert le Pieux, Henri Ier et Philippe Ier furent des souverains aux pouvoirs limités. Les grands vassaux ne leur obéissaient guère. De plus, ils n'étaient vraiment reconnus qu'en France du Nord. Malgré une allégeance très formelle aux Capétiens de Paris, le comte de Toulouse était en réalité totalement indépendant de la Couronne. Les gens du Midi ne se sentaient d'ailleurs aucun point commun avec les gens d'au-delà des monts cévenols. Ils ne parlaient pas la même langue, utilisant la langue d'oc alors que les Français du Nord employaient la langue d'oil (« oc » et « oil » sont deux anciennes manières de dire « oui »).

Le fait que la couronne fut élective ajoutait encore à la faiblesse des rois de Paris. Pour parer à ce danger, Hugues Capet eut l'idée de faire élire et sacrer son fils aîné de son vivant. Deux siècles plus tard, quand l'hérédité de la couronne fut solidement établie, cette coutume tombera en désuétude.

Le roi ne gouvernait réellement au début que son duché personnel, appelé « domaine royal ». Ce domaine s'allongeait de Senlis, au nord, à Orléans, au sud. De nouveau, les premiers

Capétiens, dont Louis VI le Gros (1108-1137), durent lutter pour se débarrasser des seigneurs brigands, tel celui de Montlhéry, qui leur barrait le chemin du Sud, la route Paris-Orléans étant en quelque sorte la « voie sacrée » des Capétiens.

Pendant le règne de Philippe Ier, deux événements se produisirent. Nous avons déjà parlé de l'un, la conquête de l'Angleterre par un vassal du roi de France, Guillaume le Bâtard, duc de Normandie. Encore aujourd'hui, la devise de la monarchie anglaise reste en français : « Dieu et mon droit » et la reine signe en français les décrets et les lois anglaises d'un très médiéval « La Reine le veult » (et non pas « le veut »).

Le roi ne gouvernait réellement au début que son duché personnel.

Le second événement, considérable également, a été la première croisade, bien qu'elle fut prêchée le 28 novembre 1095 à Clermont en Auvergne par le pape Urbain II, venu de Rome en France à cet effet, et devant des prélats et des barons français. Philippe Ier n'y prit aucune part.

Les seigneurs français furent les plus nombreux à se croiser (à tel point qu'aujourd'hui encore, au Levant, on appelle Francs tous les Européens), Français du Nord conduits par Godefroy de Bouillon et Français du Midi menés par le comte Raymond de Toulouse en personne. Les conquérants arabes s'étaient transformés à cette époque en souverains pacifiques qui laissaient le monde chrétien en paix (Harun al-Rachid, calife de Bagdad, et Charlemagne avaient même eu d'excellentes relations).

Mais, en l'an 1000, des nomades des steppes d'Asie centrale, convertis à l'islam, prirent le pouvoir à Bagdad et redonnèrent aux musulmans l'ardeur conquérante des débuts. Les pèlerinages chrétiens vers Jérusalem, la ville de la passion du Christ, protégés par les Arabes, furent malmenés par les Turcs. Plus grave : en 1071 à Manzikerd, les Turcs écrasèrent les armées byzantines et envahirent l'Anatolie auparavant préservée. L'Asie mineure grecque devint alors, jusqu'aujourd'hui, la « Turquie » sous la forte implantation des tribus turques.

L'Empereur d'Orient, Alexis Comnène (1081-1118), dont la fille raconte la vie dans une magnifique biographie écrite par elle en grec classique, *L'Alexiade*, appela fort naturellement à son secours les chrétiens d'Occident. Le pape Urbain II y répondant, la croisade se mit en route sous le commandement de Godefroy de Bouillon, du légat pontifical et des ducs occitans et normands, mais sans la participation du roi de France. Elle reconquit l'ouest de l'Anatolie pour le compte des Byzantins puis, débouchant en Syrie, après un dur siège autour d'Antioche, réussit à s'emparer de Jérusalem le 15 juillet 1099, y massacrant les habitants.

La croisade ne fut jamais une colonisation de peuplement, elle resta une affaire de chevaliers français.

Un royaume latin de Jérusalem surgit. Les paysans syriens, musulmans ou chrétiens d'Orient ne furent pas chassés de leurs terres et la croisade ne fut jamais une colonisation de peuplement, substituant une population à une autre, elle resta une affaire de chevaliers français.

Le royaume latin de Jérusalem, dont le français était la langue officielle, manqua toujours de soldats. Pour y suppléer, il fonda ces ordres peu ordinaires de moines guerriers que furent les Hospitaliers, créés en 1113 (devenus ensuite « chevaliers de Rhodes » et aujourd'hui « Ordre de Malte ») et les Templiers en 1118. Ils firent édifier au Levant les formidables châteaux forts à la mode française que l'on peut encore admirer car ils ne furent jamais pris d'assaut mais évacués par traité, et il ne se trouva pas de roi pour les démanteler (ce sont les rois, nous le verrons, non la Révolution qui démantèleront les châteaux de France). Signalons en particulier l'imposant « Krak des chevaliers »

(Hospitaliers) en Syrie. Le royaume latin, faute d'immigration européenne, resta fragile. En 1187, le sultan ayyubide d'Égypte Saladin (de son véritable nom Salah al-Din, 1138-1193) écrasa les croisés à Hatin en Galilée puis reprit la ville de Jérusalem au nom de l'islam.

Les rois d'Occident firent alors semblant d'intervenir, tels le Français Philippe Auguste et l'Anglais Richard Cœur de Lion. Mais ils ne pensaient qu'à leurs pays respectifs et les regagnèrent au plus vite sans reprendre Jérusalem. Les seuls vraiment motivés furent l'empereur germanique Frédéric Barberousse, qui se noya dans un fleuve en Cilicie en 1190, et le roi Saint Louis qui fut fait prisonnier en Égypte en 1250 et mourut en 1270 devant Tunis.

Si les croisades se couvrirent de honte, ce fut contre les chrétiens d'Orient.

Les croisades traînent de nos jours la mauvaise réputation que leur ont donnée non pas tant les musulmans de l'époque – Saladin et Cœur de Lion faisaient partie du même univers guerrier et se respectaient –, mais les historiens européens contemporains, fascinés par l'islam, et les musulmans intégristes d'aujourd'hui.

En réalité, c'est l'islam qui avait inventé la notion de « guerre sainte », le « djihad », quatre siècles plus tôt avec Mahomet. Et il fallut des contorsions casuistique aux théologiens chrétiens pour l'utiliser. Rappelons que la première croisade a été une guerre défensive à l'appel de l'empereur byzantin menacé et envahi, une contre-offensive victorieuse, qui n'empêcha pas l'islam de rétablir sa domination et de reprendre Jérusalem dès 1187, les autres croisades échouant toutes à reconquérir la ville.

Cependant, ces expéditions, seul résultat militaire tangible mais important, permirent à l'Occident d'établir en Méditerranée une prépondérance maritime dont Venise et Gênes sont le symbole. Deux cités opposées en tout, même par leurs paysages, la montagne à Gênes, la lagune à Venise, mais qui se rendirent maîtresses du commerce de l'Orient.

Si les croisades se couvrirent de honte ce fut contre les chrétiens d'Orient. En l'an 1204, en effet, la quatrième croisade, détournée de sa lutte contre l'islam par le doge vénitien Dandolo, âgé de plus de quatre-vingts ans, s'empara de la superbe ville chrétienne de Constantinople que, cent ans plus tôt, la première était venue défendre ! Un éphémère empire latin y fut créé où s'illustrèrent beaucoup de seigneurs français (les Villehardouin furent seigneurs du Péloponnèse).

Les Byzantins se réinstallèrent en 1261 à Cons-tantinople avec les Paléologue. Il n'en reste pas moins que l'Occident latin assassina l'Orient orthodoxe. Le premier a refoulé ces événements (sans doute pas tant que cela : on peut penser que, si Belgrade avait été une ville catholique, elle n'aurait pas été bombardée à la fin du XXe siècle). L'orthodoxie s'en souvient…

En France, les croisades eurent des effets collatéraux bénéfiques. Elles permirent aux rois de se débarrasser de leurs trop turbulents vassaux. Leur autorité y gagna. Les chevaliers, s'ils en réchappaient, revenaient profondément transformés et davantage civilisés d'avoir traversé les terres byzantines, et de s'être frottés à l'Orient.

Car c'est l'Empire byzantin, bien davantage que l'Islam ou l'Église romaine, eux-mêmes éduqués par lui, qui a sauvegardé l'essentiel de la culture antique. L'Église romaine, en dépit de sa primauté reconnue, fut d'abord une Église byzantine. Venus du désert, les Bédouins de Mahomet ont été également civilisés par Byzance en Syrie et en Égypte…

En France avec Louis VI et Louis VII (1137 et 1180), la puissance des rois de France fut mise en péril par les Plantagenêt. Louis avait épousé Éléonore d'Aquitaine, héritière de la plus grande partie des pays situés entre la Loire et les Pyrénées. Le souverain s'absenta quelque temps pour la seconde croisade et, à son retour, commit la faute politique de répudier la trop riche héritière. Celle-ci récupéra ses biens, selon le droit féodal, et épousa Henri Plantagenêt, un vassal du roi de France qui possédait déjà l'Anjou et la Normandie.

En y ajoutant l'Aquitaine, domaine d'Éléonore, il se trouva maître de toute la façade océanique du royaume. Catastrophe supplémentaire pour les Capétiens, Henri Plantagenêt fut élu roi d'Angleterre en 1154, sous le nom d'Henri II ; le vassal devenait concurrent et adversaire.

Philippe Auguste (1180-1223) couronné à quinze ans, passa la plus grande partie de son règne à s'opposer aux Plantagenêt.

Au début, il fit alliance avec Richard Cœur de Lion, l'un des deux fils d'Henri qui reprochait à son père de lui refuser sa part d'héritage. En 1189, Henri II étant mort, Richard devint roi d'Angleterre. Son amitié avec Philippe ne survécut pas à ses intérêts. Certes, ils partirent ensemble pour la troisième croisade (un échec comme la précédente) mais, rentré en France, alors que Richard était retenu prisonnier par l'empereur d'Allemagne, Philippe voulut en profiter, ce qui ralluma la querelle. Dès sa libération, Richard recommença la guerre. Il y fut tué alors qu'il assiégeait un château d'Auvergne. Son frère, Jean sans Terre, lui succéda. Suzerain des Plantagenêt pour leurs terres de France, Philippe Auguste déclara qu'elles devaient revenir au duc de Bretagne, Arthur, cousin germain de Jean sans Terre. Ce dernier fit assassiner Arthur. Philippe le proclama « félon » et envahit la Normandie, après avoir enlevé, au prix de six mois de siège, la formidable forteresse de Château-Gaillard, élevée par les Plantagenêt, qui en barrait l'accès.

Chassé de Normandie, Jean sans Terre organisa contre Philippe une imposante coalition « européenne » avec des vassaux rebelles au roi de France, le comte de Flandre et celui de Boulogne, et surtout l'empereur germanique Othon IV.

Le 27 juillet 1214, non loin du pont de Bouvines, au sud-est de Lille, les guerriers de Philippe Auguste écrasèrent les troupes coalisées et le roi de France rentra victorieux dans Paris, ramenant le comte de Flandre enchaîné sur un chariot. Le peuple fit la fête au roi. Bouvines est considéré comme la première victoire nationale.

Pendant que le roi défaisait les Plantagenêt, un événement considérable avait lieu dont il refusa de se mêler directement, parce qu'il combattait sur sa frontière nord, certes, mais aussi par prudence.

Cet événement fut la conquête de la France du Midi par celle du Nord. Le prétexte en était l'hérésie, dite « des Albigeois » (la ville d'Albi étant la place forte des hérétiques). En fait, l'hérésie avait gagné l'ensemble du Languedoc et le comte de Toulouse, alors Raymond VI, lui était en secret favorable. Si Philippe ne prit pas part à l'expédition, il laissa les seigneurs du Nord, accourus en grand nombre à l'appel de l'Église, y participer sous le commandement d'un petit châtelain d'Île-de-France, Simon de Montfort. L'armée des nordistes écrasa les sudistes à Muret en 1213, puis occupa Toulouse en 1215. Cette guerre fut sauvage. À Béziers, par exemple, les nordistes massacrèrent toute la population. Le légat du pape, mis au courant de l'impossibilité de distinguer, la ville prise, les catholiques des hérétiques, aurait déclaré : « Tuez les tous, Dieu reconnaîtra les siens. » Son résultat est clair : La France du Nord, sous des prétextes religieux, venait de conquérir son Midi. Si j'emploie à dessein les termes « nordistes » et « sudistes », c'est que, par bien des côtés, cette « croisade »-là, fait penser à la guerre de

Pendant que Philippe Auguste défaisait les Plantagenêts, la conquête de la France du Midi par le Nord commença.

Sécession américaine du XIXe siècle : des motifs idéologiques, ici « Hérésie », là « Esclavage », cachant mal la volonté des gens du Nord de conquérir un Sud raffiné dont ils étaient jaloux.

Nous l'avons souligné dès le début : rien ne rapprochait vraiment la Méditerranée de la France du Nord, à l'exception d'un lien vassalique théorique établi en 843 par le traité de Verdun qui regroupait dans une même « France occidentale » le Nord et le Sud.

Longtemps, le royaume de France hésita entre deux géographies opposées : franco-anglaise, querelle des Plantagenêt, ou franco-allemande, Bouvines, dont aucune n'était méditerranéenne.

Mais les rois capétiens profitèrent de la guerre contre les Albigeois pour rejoindre Toulouse et Paris. Soixante ans après la croisade, sous le règne de Philippe III en 1270, le comté de Toulouse sera annexé définitivement au domaine royal proprement dit. Aigues-Mortes, création royale *ex nihilo*, impressionnante encore aujourd'hui par la force de ses murailles, est le sceau de cette union sur la mer primordiale.

Quant aux massacres de la conquête, ils furent peu à peu oubliés par les gens du Sud (comme ceux de César l'avaient été par les Gallo-romains). Les sudistes trouvèrent d'ailleurs dans le nord du royaume une vaste carrière pour leurs légistes, leurs poètes et leurs architectes. Deux siècles plus tard, nous le verrons, le parlement du roi, chassé de Paris par les Anglais, se réfugia à Toulouse, devenue alors le centre de la Résistance « française » à l'envahisseur. Les Albigeois sont aujourd'hui très à la mode.

Certes, ils furent cultivés et héroïques. Mais on doit à la vérité de dire que, vainqueurs, ils eussent bâti un monde sinistre.

Par des chemins détournés, la vieille religion manichéenne des Perses était arrivée jusqu'à eux. Le dieu du Bien y est celui des âmes, mais la totalité du monde visible et réel est l'œuvre d'un dieu du Mal, la réalité n'étant plus qu'une prison pour les âmes. Les « Parfaits » Albigeois de mœurs austères étaient les « Purs », mais tout était permis aux simples croyants, la rémission de leurs pêchés leur étant assurée en fin de vie, par le sacrement dit *consolamentum*. Il n'est certainement pas « politiquement correct » de l'affirmer, mais des gens qui considéraient toute chose visible comme « mauvaise » n'auraient certes pas édifié une civilisation réjouissante.

Après ses victoires voulues, contre les Plantagenêt, ou « récupérées » contre les Albigeois, la monarchie française devint très puissante. Deux figures de roi la symbolisent, tout à fait différentes l'une de l'autre, Saint Louis et Philippe le Bel.

Louis IX avait onze ans quand, en 1226, il succéda à son père Louis VIII. Sa mère, Blanche de Castille, gouverna d'abord en son nom jusqu'à ce qu'il fut majeur. Femme forte, elle soumit les grands vassaux, mit fin à la guerre contre les Albigeois, pacifia le Midi et maria son fils à Marguerite de Provence, puis Louis IX continua son œuvre.

Louis IX avait onze ans quand, en 1226, il succéda à son père Louis VIII.

Louis IX, dit Saint Louis (canonisé par l'église en 1297), est le prototype du souverain chrétien que l'église médiévale s'acharnait à promouvoir : roi chevalier au service de « la veuve et de l'orphelin ». Il n'est pas pour autant la gravure pieuse que l'on imagine rendant la justice sous son chêne.

Quand, en 1242, il commença son règne personnel, il continua avec énergie la guerre commencée par sa mère contre les grands vassaux. Il les vainquit à Taillebourg et à Saintes. Si sa participation aux croisades fut vaine, nous l'avons vu (il resta prisonnier en Égypte en 1250 et mourut de la peste devant Tunis en 1270), à l'intérieur du royaume de France, son action fut exemplaire en même temps qu'efficace.

Il mit définitivement fin au combat contre les Plan-tagenêt.

Il interdit les guerres privées entre seigneurs au sein du royaume. Il essaya d'incarner en sa personne la figure du chef chrétien dont Jésus a dit qu'« il est fait pour servir et non pour être servi ». Ascète, sobre et simplement vêtu, charitable, on sait qu'il embrassait et soignait les lépreux ; il fut surtout compatissant avec le peuple.

Le seigneur de Coucy, au formidable château (que nous pouvons encore admirer bien que les Allemands aient essayé de le faire sauter en 1917), ayant fait pendre trois adolescents qui braconnaient sur ses terres, Saint-Louis le fit arrêter. Il contraignit même son propre frère à remettre en liberté un chevalier pauvre et innocent, lui écrivant : « Il ne doit y avoir qu'un roi en France, ne vous croyez pas tout permis parce que vous êtes mon frère. »

Avec Saint Louis commence cette alliance entre le peuple et la monarchie française qui durera jusqu'à la Révolution.

Il rédigea pour son fils des règles de conduite que nous a transmises son compagnon et chroniqueur, le sire de Joinville : « Cher fils, aie le cœur doux et pitoyable aux pauvres, aide les de tout ton pouvoir. » Bien sûr, il restait un homme de son temps et n'échappa pas toujours au fanatisme (il fit chasser les Juifs, par exemple), mais Joinville ne nous ment pas quand il écrit que le roi « avait le cœur transpercé pour les misérables ». Avec Louis IX commence cette alliance entre le peuple et la monarchie française qui durera jusqu'à Louis XVI et la Révolution. Le « saint », conscient de la séparation des pouvoirs, pouvait aussi s'opposer au pape et lui écrire : « Le royaume de France n'est pas si faible qu'il ne regimbe contre vos coups d'éperon. »

L'homme inspira un respect universel. Le roi d'Angleterre et l'empereur allemand le prenaient pour arbitre et « l'on voyait, écrit Joinville, des Bourguignons et des Lorrains venir en toute confiance plaider devant lui des procès qu'ils avaient entre eux ».

Joinville dit ailleurs : « Le trône de France resplendissait au regard de tous comme le soleil qui répand ses rayons. » Ajoutons que, le français étant parlé par les gens cultivés d'Europe, *Le livre des Merveilles* du Vénitien Marco Polo, aussi bien que le *Cantique des Créatures* de François d'Assise sont écrits en français. Le sultan musulman du Caire discutait théologie avec lui. À la mort de Louis IX, la peine fut donc universelle.

Philippe le Bel incarne au contraire le « politique » sans scrupule. Son œuvre pourtant ne fut pas inférieure à celle de Saint Louis. Fils de Philippe III le hardi, Philippe IV en son long règne (1285-1314) amena la France au rang des plus grandes puissances de la Terre. Mais cette œuvre est le fruit de ruses, de spoliations et de crimes d'État. Tout le monde sait aujourd'hui (depuis *Les Rois maudits* de Druon) qu'il intenta un procès inique aux moines templiers, qu'il fit torturer et brûler, avant d'interdire leur ordre en France le 13 octobre 1307, uniquement pour s'emparer de leurs immenses richesses.

Saint Louis inspira un respect universel.

Conseillé par des légistes, souvent originaires du Midi et qui n'avaient pas oublié le droit romain, Philippe IV essaya d'unifier quelque peu les coutumes du royaume et surtout d'y imposer partout sa volonté : « Ce qui plaît à faire au roi doit être tenu pour loi », disait-il.

L'évolution de la monarchie française était aussi à l'exact opposé de la monarchie anglaise où, dès 1215, la « Grande Charte » avait posé des limites au pouvoir royal et où, à l'époque de Philippe le Bel, la Chambre des communes et celle des lords se réunissaient régulièrement.

Bien moins chrétien que Saint Louis, Philippe chercha querelle à la puissante église médiévale dont il voulait, de façon très moderne, s'émanciper. Il leva des impôts sur le clergé sans en référer à la papauté.

Excommunié par Boniface VIII, il n'hésita pas à faire arrêter le pape le 7 septembre 1303 à Anagni, sur les avis de son conseiller Nogaret ; le pontife en mourut : scandale inouï !

Bien plus encore, le Bel réussit à obliger son successeur, l'évêque de Bordeaux devenu, sous la pression française, le pape Clément V, à quitter Rome pour venir résider en la ville d'Avignon à portée de son gantelet. En 1307, Avignon devint ainsi la résidence d'une papauté sous tutelle capétienne. Cet exil, qui durera jusqu'en 1377, nous valut la belle cité d'Avignon, aujourd'hui la plus italienne des villes françaises.

Philippe le Bel voulait s'émanciper de la puissante église médiévale.

Avec lui, Paris devint une grande capitale. Philippe Auguste l'avait dotée de murailles, Philippe le Bel y établit un parlement (le Conseil du roi) et une administration développée. Il en fit paver les rues, y éleva le donjon du Louvre.

Déjà, Saint Louis avait fait bâtir le palais royal sur l'île de la Cité (aujourd'hui palais de justice) et l'incomparable verrière de la Sainte-Chapelle. La ville avait depuis longtemps quitté l'île, refuge pour l'au-delà des rives. Au nord de la Seine, on assécha les marais pour construire un quartier de marchands, dit aujourd'hui le Marais, et l'hôtel de ville. Sur la plage, la grève, s'assemblaient parfois les artisans mécontents (d'ou l'expression « faire grève »). Au sud du fleuve s'édifiaient de vastes monastères et des écoles, l'abbaye de Saint-Germain-des-Prés, autour de laquelle grouillaient les étudiants qui parlaient latin, d'où l'expression « Quartier latin ».

À la mort de Philippe le Bel en 1314, le royaume de France était, sans conteste, le pays le plus puissant et le plus peuplé d'Europe. Il avait retrouvé sa population du temps des Romains, environ quinze millions d'habitants, et une grande prospérité agricole, marchande, militaire et intellectuelle.

La France féodale était, par certains côtés, supérieure à la Gaule romaine, bien que le sens de l'État y fut moins fort, remplacé par des chaînes de vassalité qui montaient des petits seigneurs au roi.

Mais par beaucoup d'autres, elle est comparable ou supérieure au pays gallo-romain. Il faut dire que les trois premiers siècles médiévaux – xie, xiie et xiiie – bénéficièrent d'une longue période d'un climat chaud et propice aux moissons que l'on appelle l'« optimum climatique ». Mais l'essentiel était dû au rétablissement de l'État et à la naissance d'une nouvelle civilisation.

Une extraordinaire architecture française, digne de l'antique mais de conception toute nouvelle, s'éleva alors. D'abord copiée sur celle de Byzance, vue au passage par les croisés, et pour cette raison appelée « romaine », « romane » (les Byzantins grecs se nommaient eux-mêmes « romains »), elle trouva bientôt en France ses formules originales. Ce fut l'âge des cathédrales, toutes construites ou commencées à cette époque. Autour de Notre-Dame de Paris, on en recense une centaine : Amiens, Sens, Chartres, Reims, Bourges, Rouen, etc.

La France féodale était, par certains côtés, supérieure à la Gaule romaine.

Il suffit de regarder la nef de Notre-Dame, du bord de la Seine, pour comprendre que la construction de tels édifices demandait beaucoup d'argent, d'immenses et nouvelles connaissances techniques, et la paix. Au même moment, la France se couvrait « d'une floraison de blanches églises », disent les chroniques, chaque village construisant la sienne, mais aussi de châteaux, de halles marchandes et de palais. Les foires de Champagne vers Troyes étaient le rendez-vous obligé des commerçants de l'Europe entière.

Les paysages que nous pouvons encore admirer aujourd'hui, tout au moins dans la France rurale, sont ceux qui ont été élaborés au Moyen Âge. Les cathédrales sont toujours debout avec la plupart des monuments de l'époque et des milliers de maisons particulières. Cette permanence prouve que, depuis l'an mille, il n'y a pas eu d'écroulement, dans notre pays, comparable à celui qui accompagna la chute de Rome. Autour des villes cathédrales, les évêques ouvraient des écoles ecclésiastiques où l'on étudiait de nouveau les arts et les sciences. Grâce à ces « universités », le Moyen Âge fut une époque de grandes découvertes scientifiques ou techniques. On y inventa la charrue à socles qui labourait plus profond que l'araire antique, l'assolement, qui consiste à alterner les cultures selon la longueur des racines. Le collier d'épaule permit d'utiliser la force des chevaux, ce que ne savaient pas faire les anciens qui, les attachant par le cou, les étranglaient.

L'agriculture médiévale se révéla plus productive, beaucoup moins « fragile » que l'agriculture antique. Une classe de paysans aisés apparut, logée dans des maisons plus confortables car dotées d'une cheminée. Si curieux que cela puisse paraître, les Romains ne connaissaient pas ce procédé et enfumaient leurs palais de leurs braseros. La cheminée devint comme un symbole, d'où l'habitude de compter la population par « feux » (ceux qui se rassemblent autour d'une cheminée).

Les maisons paysannes permettaient aussi le stockage des grains en hauteur dans des greniers secs, dalles de carrelage (alors qu'en Inde, encore aujourd'hui, on enfouit le grain dans le sol où les rats le mangent). Pour connaître levéritable développement d'un pays, il ne suffit pas d'en regarder les monuments, il faut en étudier les maisons paysannes. De ce point de vue celles du Moyen Âge français dont beaucoup sont parvenues jusqu'à nous et dont de plus nombreuses encore ont été répliquées jusqu'au XIXe siècle, sont sans commune mesure avec les gourbis ruraux, ailleurs dans le monde.

Au point de vue militaire, si le chevalier dominait, c'est que l'on avait inventé l'étrier qui transforma la cavalerie légère de l'Antiquité (les Grecs et les Romains montaient sans étriers, on le voit en regardant leurs statues équestres) en cavalerie lourde : le chevalier pouvait charger sans être désarçonné. Le Moyen Âge emprunta aux Chinois la boussole et la poudre. Il fondit les premiers canons. S'il exista un « miracle grec » dans l'Antiquité, on peut aussi parler d'un « miracle français » au XIIIe siècle !

Ces siècles furent d'ailleurs supérieurs aux antiques pour les droits de l'homme : l'esclavage n'y était plus que marginal.

Contrairement aux idées reçues, les paysans serfs n'étaient nullement des esclaves : ils avaient des obligations mais aussi des droits. D'ailleurs, beaucoup d'hommes à la campagne et surtout en ville étaient des « homme libres ». Les nouvelles cités obtenaient facilement franchises et chartes. Mais, surtout, la France médiévale inventa la femme.

L'idée de courtoisie, d'amour courtois, vient de la cour des châteaux forts. Les chevaliers y apprenaient à« faire la cour » aux femmes, à les séduire pour obtenir leur faveurs. Les romans de chevalerie exaltent les amours platoniques. Le viol devint un crime méprisable. Voici donc la première civilisation dans laquelle la femme était admise à faire des études. Au moins chez les nobles et les riches bourgeois. Elle ne servait plus debout des hommes assis. Elle présidait la table des banquets à la place d'honneur, et même les tournois des chevaliers.

S'il exista un « miracle grec » dans l'Antiquité, on peut aussi parler d'un « miracle français » au XIIIe siècle !

Tout chevalier se devait de courtiser la « dame de ses pensées ». Les lettres d'amour entre hommes et femmes devinrent un genre littéraire.

L'Église réussit aussi à reculer l'âge du mariage. Le Grec antique épousait une gamine illettrée à peine pubère, beaucoup plus jeune et moins instruite que lui. Il se hâtait de l'enfermer dans le gynécée et de lui faire des enfants.

Le sentiment amoureux était homosexuel comme son expression littéraire ainsi que le montre *Le Banquet* de Platon. D'ailleurs, en dehors du monde judéo-chrétien, la femme est aujourd'hui encore dépréciée, le mariage pubertaire et l'infanticide des petites filles sont courants (en Inde ou en Chine). Au contraire, le notable médiéval épouse une fille respectée et souvent cultivée.

L'exemple célèbre de cette révolution féminine médiévale est la fameuse histoire d'amour d'Abelard et Héloïse, au temps pourtant encore obscur de Louis VI le Gros, vers le commencement du XIIe siècle.

Abelard était le plus grand professeur de l'époque et enseignait en particulier (mais pas seulement) à Paris. Il avait trente-sept ans quand il séduisit une étudiante de dix-sept ans, Héloïse, chez l'oncle duquel il logeait. Héloïse, orpheline immensément cultivée, lisait le latin, le grec et l'hébreu. Ils eurent un fils, Astrolabe, mais Abelard, soucieux de sa carrière, voulut que leur mariage restât secret. Furieux, l'oncle tuteur, un chanoine de Notre-Dame nommé Fulbert, paya des châtreurs de cochon pour émasculer Abelard. (Il fut condamné pour cela par le tribunal de l'évêque.) Le professeur poursuivit son enseignement et Héloïse devint abbesse dans un couvent. Ils continuèrent à s'écrire. La lettre qui suit est une magnifique missive rédigée par Héloïse, longtemps après. L'envoi en est sublime et le texte à l'avenant :

« À son Seigneur, ou plutôt à son père – À son époux, ou plutôt à son frère – Sa servante, ou plutôt sa fille – son épouse, ou plutôt sa sœur – À Abelard, Héloïse.

Si Auguste, le maître de l'univers, m'avait jugée digne d'être épousée, j'aurais trouvé plus précieux de pouvoir être appelée ta putain plutôt que son impératrice. Quel roi, quel servant pouvait égaler ta renommée ? Quelle ville n'entrait en effervescence pour te voir ? Tout le monde se précipitait et cherchait à te suivre des yeux, cou tendu, quant tu te montrais en public. Quelle femme mariée, quelle jeune fille ne te désirait en ton absence et ne brûlait en ta présence ? Quelle reine, quelle grande dame ne jalousait mes joies et mon lit ? Tu possédais un don qui manque totalement aux philosophes en général : tu savais composer des vers et les chanter. Tu as laissé de nombreuses chansons plus connues que tes traités savants, pour les illettrés eux-mêmes. Grâce à elles, le grand public connaît ton nom. Comme beaucoup de ces vers chantaient nos amours, ces chansons répartirent mon nom en même temps que le tien et excitèrent contre moi la jalousie de nombreuses femmes. Ces voluptés chères aux amants que nous avons goûtées ensemble me furent douces. Aujourd'hui encore, je ne puis les chasser de ma mémoire. Elles s'y imposent avec les dessins qui les accompagnent. En pleine liturgie, alors que la prière doit être la plus pure, je m'abandonne encore à elles. Je souffre après les plaisirs perdus. Je les revis. »

Cette époque a vu la renaissance d'une civilisation de puissance et de gloire.

Il faut se pincer pour croire que cette lettre fut écrite par une abbesse ! Décidément, le christianisme médiéval français, n'était absolument pas puritain.

Cette lettre en dit plus long sur l'époque que bien des historiens savants ne sauraient le faire. Elle nous dit la place nouvelle de la femme. Elle nous dit aussi celle, éminente, des grands intellectuels, si célèbres alors (comme les « stars » d'aujourd'hui) que l'on se « tordait le cou » pour les apercevoir.

Héloïse célèbre la joie de l'amour, et de l'amour charnel en particulier, dont l'abbesse ne peut oublier les « plaisirs perdus ».

En bref, cette époque, (XIe, XIIe, XIIIe siècles de notre ère) a vu la renaissance d'une civilisation de puissance et de gloire que l'on peut juger plus évoluée que l'Antique : quelle lumière après la longue et obscure traversée des temps barbares !

La France fut le centre de cette civilisation médiévale. L'époque vit le premier apogée de la France qui dominait alors l'Occident (donc la moitié du monde) et lui donnait le la. La France a dominé le monde deux fois. Celle-ci est la première, pour retrouver une puissance militaire, économique et culturelle semblable ; il lui faudra attendre les XVIIe et XVIIIe siècles, le second apogée français. Mais entre-temps combien de guerres et de difficultés !

La France fut le centre de la civilisation médiévale.

L'apogée médiéval français prit fin au XIVe siècle. Il y eut d'abord une gigantesque et meurtrière épidémie de peste. La « grande peste » ravagea la France de 1347 à 1352 sans jamais disparaître tout à fait ensuite. La population diminua d'un tiers, passant de quinze à dix millions d'habitants. De cette épidémie datent les « danses macabres » de nos Églises. On n'avait même plus le temps de retirer les morts. On les brûlait.

Au même moment – « un malheur ne vient jamais seul », dit le proverbe, et peut-être, en effet, ces événements sont-ils liés –, « l' optimum climatique » prit fin. Arriva ce que les spécialistes appellent le « petit âge glaciaire », pas vraiment une glaciation, mais un net refroidissement qui va durer jusqu'au début du XXe siècle. La Seine gela durant l'hiver.

Pour ajouter encore au malheur, une terrible et interminable guerre éclata entre les deux nations fondatrices de la chrétienté médiévale, la France et l'Angleterre.

CHAPITRE IV

NAISSANCE D'UN PATRIOTISME FRANÇAIS

DE 1328 À 1495

Le grand Philippe le Bel mourut, couvert de gloire, en 1314. Il laissa trois fils qui n'eurent pas de descendance masculine : Louis X le Hutin (l'entêté) mourut après deux ans de règne : Philippe V le Long qui régna six ans mais ne laissa pas d'héritier mâle ; Charles IV qui à son tour n'engendra que des filles. En soi, cela n'avait aucune importance : à cette époque, les filles régnaient.

Rompant sur ce point avec la coutume impériale romaine, la féodalité avait progressivement réinventé la légitimité monarchique, c'est-à-dire l'hérédité, écartant ainsi l'un des sujets de trouble de l'Empire : l'incertitude successorale. Au Moyen Âge, en théorie, la vacance du pouvoir n'existait plus : « Le roi est mort, vive le roi ! » disaient les légistes, affirmant par là que le décès d'un souverain entraînait automatiquement l'arrivée au pouvoir de son successeur, et il y avait un ordre de succession dont les filles n'étaient pas exclues. À la mort de Charles IV, en 1328, son plus proche parent par le sang était Édouard III, roi d'Angleterre et aussi vassal de Paris pour ses possessions de Guyenne, parce qu'il était le petit-fils, par sa mère, de Philippe le Bel. Mais les barons de France ne voulurent pas d'un roi « étranger ». Ils invoquèrent une loi franque, la « loi salique », qui écartait les femmes de l'ordre successoral. Ils choisirent plutôt un neveu du roi défunt, Philippe de Valois, qui fut sacré roi de

France sous le nom de Philippe VI. Ce roi inaugure la deuxième dynastie de notre histoire, celle des Valois. Elle durera jusqu'en 1498 et donnera à la France sept rois ; mais elle commença par une crise redoutable qui faillit interrompre l'histoire nationale, la guerre de Cent Ans.

Édouard hésita un temps assez long à prêter hommage à celui qui lui était injustement préféré. Car on ne peut pas nier qu'il ait eu le droit féodal pour lui. La « loi salique » est une loi de circonstance. Le sachant, Édouard ne reconnut, de mauvaise grâce, Philippe de Valois qu'en 1331. Puis il s'en voulut d'avoir renoncé à ses droits. Robert d'Artois, chassé de France (pour avoir comploté contre le souverain désigné), et des nobles de Londres ne cessaient de le lui reprocher. Cédant enfin à leurs instances, en 1337, Édouard III, par un défi solennel, revendiqua la succession de son grand-père Philippe le Bel. Ce fut le commencement d'une interminable guerre entre les deux nations fondatrices de l'Occident : la France et l'Angleterre.

> **La mort de Philippe le Bel fut le commencement d'une interminable guerre entre les deux nations fondatrices de l'Occident : la France et l'Angleterre.**

De simple querelle de succession qui concernait peu les peuples, cette guerre devint progressivement une lutte patriotique et nationale qui opposait deux principes : le droit médiéval, ancien et respecté, et un droit, nouveau, celui des peuples d'être gouvernés par des souverains « de chez eux ». Le royaume de France, avec ses quinze millions d'habitants, était « la » puissance de la chrétienté, celui d'Angleterre n'en comptant que cinq. La victoire du Valois paraissait donc ne pas faire de doute, et c'est bien ce que pensait la cour de Paris. Cependant, la conception que nous appellerions « progressiste » du « roi national » était défendue par une force archaïque de chevaliers médiévaux qui se battaient selon les règles des tournois, alors que la conception que nous jugeons aujourd'hui « réactionnaire », du « droit du sang », celle du prétendant de la cour de Londres, était soutenue par une armée très moderne d'archers anglais disciplinés. Remarquables tireurs, ils ne manquaient pas leur but à deux cents mètres (plus loin que les fusils à l'époque de Napoléon) et pouvaient lancer douze flèches à la minute.

Les Valois subirent donc une série de défaites sanglantes qui décimèrent la chevalerie française.

Sous Philippe VI, après la destruction de la flotte française, surprise au port (bataille de l'Écluse en 1340), qui interdit aux Valois de porter la guerre outre-Manche (alors que les Anglais débarquaient en France quand ils le voulaient), ce fut la défaite dramatique de Crécy.

Édouard III, qui avait jeté sur le continent une armée de trente mille hommes, battait en retraite, poursuivi par les soixante mille hommes du roi de France. Ayant franchi la Somme, il choisit une position de combat près d'Abbeville et y fut attaqué le 26 août 1346 par les charges furieuses mais désordonnées des chevaliers de France. Le soleil était couché que ceux-ci chargeaient encore avec un héroïsme vain. Quand on put compter les morts, les Anglais n'avaient perdu que cent hommes et les Français quatre mille, dont mille cinq cents chevaliers. Philippe VI trouva refuge dans un château voisin.

Calais devint une ville anglaise qui leur donnait une entrée facile sur le continent.

Une semaine plus tard, Édouard III mettait le siège devant Calais dont il s'empara au bout de six mois. Malgré l'intercession fameuse des « bourgeois de Calais » qui vinrent à lui en chemise et la corde au cou. Édouard ordonna l'évacuation de la population française. Calais devint une ville anglaise qui leur donnait une entrée facile sur le continent. Elle le restera pendant plus de deux siècles (jusqu'en 1558). Interrompue, un moment, grâce à l'intervention du pape, la guerre reprit sous le successeur de Philippe VI, le roi Jean le Bon (1350-1364). Le fils d'Édouard III (toujours régnant), le prince de Galles surnommé le « prince noir » à cause de la couleur de son armure, se retirait à Bordeaux quand il fut rejoint par l'armée de Jean le Bon à quatre kilomètres de Poitiers le 19 septembre 1356. Ce fut une réédition sanglante de Crécy. Le roi Jean, la hache à la main, aidé de son second fils (l'épisode est célèbre : « Père, gardez-vous à droite, gardez-vous à gauche ») eut beau se battre comme un lion, sa bêtise lui avait fait perdre la bataille.Il dut se rendre. Prisonnier à Londres, il signa un armistice déshonorant (qui se transforma en traité de Brétigny en 1360) qui entérinait la cession à l'Anglais des provinces de l'Ouest.

Son fils Charles V fut plus avisé. Il héritait pourtant d'une situation très compromise. Déjà maître du royaume pendant la captivité de son père, il n'avait pu qu'assister impuissant aux troubles que la défaite entraînait à Paris, révolté sous la direction du prévôt des marchands Étienne Marcel (1358). Devenu roi, il mena une politique militaire prudente, sur les conseils de son général, Du Guesclin, lequel débarrassa la France des bandes de mercenaires (« Les Grandes Compagnies ») et, nommé connétable, harcela les Anglais.

La noblesse n'avait guère de sentiment national : ce sera souvent le cas, en France, des classes dirigeantes.

Mais la situation empira sous son fils Charles VI, qui était un malade mental. Les Anglais en profitèrent pour se faire des alliés sur le continent, en particulier le puissant duc de Bourgogne. La noblesse la plus à la mode, devenue « bourguignonne », se mit à préférer nettement les prétendants Anglais au pauvre roi fou de Paris. Elle n'avait d'ailleurs guère de sentiment national : ce sera souvent le cas, en France, des classes dirigeantes. Elle s'était battue furieusement, mais bêtement, à Crécy et à Poitiers pour l'honneur féodal. Les nobles fidèles à la cause Valois sont connus sous le nom d'« Armagnac ». Ils étaient beaucoup moins nombreux.

Le roi d'Angleterre Henri V put reprendre l'offensive. Le 25 octobre 1415, ce qui restait de chevalerie fidèle aux Valois fut écrasé à Azincourt. Sous la tutelle de la reine Isabeau de Bavière, Charles VI dut signer en 1420 le traité de Troyes qui fit cesser la querelle dynastique en mettant fin à la France. Isabeau, ce jour-là, nota seulement sur son journal l'achat d'une nouvelle volière. En 1422, le roi d'Angleterre Henri VI fut proclamé roi de France. Comme ce n'était encore qu'un enfant, un régent anglais, le duc de Bedford, s'installa à Paris. Il restait bien un Valois, le malingre Charles, le Dauphin (nom de l'héritier de la couronne de France : par coutume, « seigneur de la province du Dauphiné », comme l'héritier d'Angleterre, est « prince du pays de Galles »), s'était réfugié au sud de la Loire. La France la plus riche, des Flandres à la Loire, était occupée par les Anglais et le duché de Bourgogne, quasi indépendant, collaborait avec eux. La situation des Valois semblait désespérée et l'existence même d'un État du nom de France définitivement compromise. C'était compter sans l'opinion publique, celle des « bonnes gens » du royaume. La France existait maintenant depuis longtemps dans leurs cœurs. Cette fusion originale de la Méditerranée et des mers du Nord, créée accidentellement à Verdun en 843, avait réussi. La France était aimée.

Or, les prétendants anglais avaient commis l'erreur de le méconnaître. Seigneurs féodaux dans le royaume et parlant de surcroît le français, ils auraient pu utiliser, pour défendre leurs droits, des troupes du continent. Pour des raisons de commodité (l'Angleterre leur était davantage soumise) et de modernité (les archers anglais étaient incomparables), ils préférèrent employer des soldats venus d'outre-Manche – que les paysans de France surnommèrent les « Goddons » (parce qu'ils juraient en anglais : « *God damned!* ») – qui furent ressentis comme des troupes d'occupation. Cela explique l'intervention d'une des figures les plus étranges de notre histoire, et probablement de l'histoire universelle: celle de Jeanne d'Arc. Jeanne est le témoin irrécusable de l'existence d'un patriotisme populaire à la taille de la nation.

Le patriotisme de clocher existe depuis l'apparition des cités. Il était fort à Athènes. Mais le miracle français fut de transférer à une réalité immense la ferveur qu'éprouvait le citoyen athénien qui pouvait contempler l'Acropole depuis sa maison ou son champ. L'Empire romain, beaucoup plus étendu, s'il était respecté, n'avait pas suscité une telle ferveur. Ce fut peut-être aussi l'une des raisons de sa chute brutale.

Née en 1412 à Domrémy, sur la Meuse, à la frontière ancienne des quatre rivières, entre la Meuse et le Saint Empire romain germanique, d'où son surnom de « Lorraine », Jeanne était fille de notables paysans. Dans ce pays, le capitaine local, à Vaucouleurs, restait partisan des Valois comme ses paysans. Au village, on était renseigné. Cela nous paraît étrange car ces gens n'avaient ni radio, ni télé, ni journaux, mais les colporteurs, en même temps que leur pacotille, apportaient les dernières nouvelles quasiment jour après jour, au minimum hebdomadairement. On savait tout avec un décalage de quinze jours. Aujourd'hui, on sait tout, tout de suite, mais on ne comprend plus rien.

Jeanne s'intéressait à la politique davantage que beaucoup de jeunes gens du même âge de notre temps.

À seize ans, Jeanne s'intéressait donc à la politique davantage que beaucoup de jeunes gens du même âge de notre temps. Elle déplorait, ce sont ses mots, « la grande pitié du royaume de France ». Les villageois fredonnaient ce refrain (qui reste l'une de nos comptines) dans lequel on voit où allaient leurs sympathies : « Mes amis, que reste-t-il à ce dauphin si gentil ? » (« gentil » signifiait « respectable » ou « honorable » comme dans « gentilhomme » ; il s'agit ici du dauphin Charles) et d'énumérer les rares terres qui n'étaient pas occupées, « Orléans, Beaugency, Notre-Dame de Cléry, Vendôme ».

On comprend que la nouvelle du siège d'Orléans par les Anglais ait agité le village. Jeanne pensait qu'il fallait aller au secours du Dauphin, pensée banale, certes, pour une patriote. Ce qui est moins banal, c'est qu'elle ait cru qu'elle-même, jeune fille de dix-sept ans, pouvait apporter son aide et même jouer un rôle déterminant. Cette idée s'imposant à elle (ce qu'elle appelait « ses voix » selon les croyances du temps), elle alla en faire part au châtelain local, le sire de Baudricourt, lequel la renvoya chez son père. Elle revint le voir tant et tant que le capitaine, mi-excédé, mi-ému, lui fit donner une petite escorte et un cheval ; de l'autre main, il dépêchait un courrier au Dauphin pour l'informer de cette étrange ambassade. Avec trois chevaliers servants, Jeanne entreprit, en février 1429, d'aller rejoindre le Dauphin. Comme Charles séjournait en « France libre » au sud de la Loire, à Chinon, il lui fallut, habillé en homme pour ne pas éveiller l'attention et monter plus confortablement (elle savait monter à cheval, comme la plupart des filles de notables, et adorait les chevaux), parcourir discrètement, souvent de nuit, en plein hiver à travers la France occupée, plus de cinq cent kilomètres en trois semaines…

Elle arriva à Chinon le 8 mars 1429 et le Dauphin, averti par Baudricourt, la reçut.

Il la fit envoyer à Poitiers pour la faire examiner par des sages-femmes et des hommes de loi. Sa virginité était banale pour une fille de son âge, son intelligence étonna davantage. Aux juristes qui lui demandaient : « Si Dieu veut le départ des

Anglais, qu'a-t-il besoin de soldats ? », elle répondit avec bon sens : « Les gens de guerre combattront et Dieu donnera la victoire ! »

Sur l'avis favorable des docteurs de l'université de Poitiers, Charles se résolut à jouer cette carte. Jeanneeut la permission d'accompagner à Orléans l'ultime armée du Dauphin. Les rudes gaillards qui commandaient, Dunois, le bâtard d'Orléans, Alençon, Gilles de Rais, furent subjugués par cette péronnelle qui prétendait leur enseigner l'art de la guerre. Orléans fut délivrée et, le 18 juin 1429, l'armée anglaise fut écrasée en Beauce vers Patay. André Malraux a bien décrit « le choc Jeanne d'Arc » : « Le Dauphin doutait d'être légitime, la France d'être la France, l'armée d'être une armée ; elle refit l'armée, le roi et la France. Il n'y avait plus rien : soudain il y eut l'espoir et la victoire… »

« Les gens de guerre combattront et Dieu donnera la victoire ! »

Mais Jeanne, fait plus étonnant que son patriotisme mystique, avait, à dix-sept ans, la tête politique. Elle comprenait que la victoire militaire ne suffisait pas à fonder la légitimité du Dauphin.

Contre presque tous les conseillers, elle convainquit Charles d'aller se faire sacrer à Reims, en pleine zone occupée.

La délivrance d'Orléans et la figure de la « Pucelle » (« pucelle » signifie simplement « jeune fille ») provoqua une insurrection générale. Les Anglais en difficulté se replièrent sur la Normandie. En juillet 1429, Charles fut sacré par l'archevêque de Reims sous le nom de Charles VII. La querelle dynastique était ainsi tranchée et la partie politique gagnée…

Dès lors, le roi se désintéressa de Jeanne, devenue encombrante. Capturée par les Bourguignons, elle fut vendue par eux aux Anglais. Ceux-ci, voulant la déconsidérer, la firent juger à Rouen comme sorcière devant une juridiction à leur dévotion. Jeanne fut brûlée le 30 mai 1431 et ses cendres furent dispersées dans la Seine. Elle avait dix-neuf ans. Vingt ans plus tard, les Anglais étant refoulés dans leur île (à l'exception de Calais), Charles qui ne voulait pas qu'on put dire qu'il devait son trône à une sorcière, la fit réhabiliter à Notre-Dame de Paris. André Malraux nous fait revivre la scène :

« Tout le passé revint et sortit de la vieillesse comme on sort de la nuit. Les pages de Jeanne étaient devenus des hommes mûrs. Ils se souvenaient. Alençon l'avait vue une nuit, nue, en train de se déshabiller, quand avec beaucoup d'autres elle couchait sur la paille : « Elle était belle, dit-il, mais nul n'eut osé la désirer. » Devant les scribes attentifs, le chef de guerre se souvint de cette minute d'il y avait longtemps, à la lumière de la lune. »

Cette histoire n'est pas une légende. Jeanne est la femme de l'époque sur laquelle nous sommes le mieux renseignés parce qu'il y eut deux procès en condamnation et en révision. Deux « grands procès », jugés tels pour les juristes du temps, et sur lesquels nous gardons des centaines de pages de procédures. Cette histoire est riche d'enseignements : d'abord, l'importance nouvelle de l'adhésion populaire. La « pucelle », par sa seule présence, fit basculer l'opinion, ce qui mit aussitôt le parti anglais en difficulté. Ensuite, le rôle du prophétisme en cette époque de foi.

L'oubli du contexte rend l'histoire de Jeanne tellement incompréhensible pour nous que des historiens fantaisistes tentent de l'expliquer par des mystères cachés ; par exemple, elle aurait été une sœur du Dauphin, fariboles ridicules de faux érudits. Jamais, en cette époque, une personne de sang royal n'aurait été jugée comme sorcière, elle aurait été emprisonnée contre rançon et Charles VII n'eut pas pu la laisser tomber comme il le fit. C'est oublier que les princes médiévaux croyaient que Dieu pouvait s'adresser à eux par la médiation de n'importe qui. Comme les rois bibliques, ils croyaient aux prophètes (ce qui n'excluait pas, chez Charles VII, une bonne dose de machiavélisme). « La voix du peuple est la voix de Dieu », affirmait un adage ecclésiastique. Jeanne fut prophète du patriotisme français. Il est absurde d'en abandonner l'image à Le Pen. Jeanne fut une résistante. Elle évoque davantage Jean Moulin que la xénophobie. Elle se dressait contre une tyrannie, disant à ses juges : « J'aime beaucoup les Anglais mais quand ils sont en Angleterre. » Enfin, l'histoire de Jeanne fait pendant à celle d'Héloïse. Jeanne ferme l'époque alors qu'Héloïse l'ouvre ; mais l'une et l'autre confirment l'extraordinaire féminisme du Moyen Âge. Elles avaient le même âge mais étaient issues de milieux opposés : Héloïse vient du milieu littéraire parisien, Jeanne de la notabilité rurale. Toutes les deux marquent tellement leur temps que le poète François Villon associera dans les « Neiges d'Antan », « la très sage Héloïse » et « Jeanne la bonne Lorraine que les Anglais brûlèrent à Rouen ».

On pourrait ajouter que la faillite des élites devant l'épreuve est chose fréquente dans l'histoire de France. Quand grands capitaines, hommes de loi, ecclésiastiques et barons se couchaient, une fille inconnue sut redresser le pays.

Après cela, Charles VII n'eut plus qu'à tirer les marrons du feu. Il faut reconnaître que son caractère changea : le Dauphin craintif et indolent devint un roi respecté. Un compagnon de Jeanne, le connétable de Richemond, l'y aida. Instruit par l'épreuve, Charles VII voulut, pour la première fois en France, une armée régulière et soldée grâce à l'établissement d'un impôt permanent « la taille » : ce fut la création des « compagnies d'ordonnance », force régulière et disciplinée grâce à laquelle le roi put « bouter les Anglais hors de France » par les victoires de Formigny et de Castillon.

La perte de leurs possessions françaises fut un coup terrible pour les Anglais. Ils en rendirent leur monarchie responsable et, tandis que la France renaissait dans la victoire, la défaite précipitait l'Angleterre dans une guerre civile de trente années (1455-1485) que l'on appelle la « guerre des deux roses » parce que les adversaires avaient chacun une rose sur leurs armoiries.

À côté du connétable de Richemont, Charles VII eut de bons conseillers : les frères Bureau, qui organisèrent l'armc nouvelle de l'artillerie, et surtout le financier Jacques Cœur, de Bourges, qui assainit ses finances. On put appeler Charles VII le « bien servi ».

On remarquera qu'avec lui, la France du Midi, celle du sud de la Loire (conquise par le Nord au XIIIe siècle) délivra la France du Nord et en chassa l'envahisseur, retour des choses qui confirme que l'unité du pays était bien entrée dans les mœurs. Cependant, cette unité fut encore menacée sous Louis XI (1461-1483), le fils de Charles VII.

Avec Charles VII, la France du Midi délivra celle du Nord, retour des choses qui confirme l'unité du pays.

Les rois avaient en effet hérité des temps barbares la fâcheuse habitude non plus de partager le royaume tels des Carolingiens mais d'affecter à leurs fils cadets des « apanages », comme la maison de Bourbon qui remontait à Saint Louis et celle d'Orléans à Charles V. Mais la plus redoutable de toutes ces « maisons » apanagées était celle de Bourgogne dont on a vu le rôle néfaste pendant la guerre de Cent Ans. Elle remontait à Jean le Bon qui, pour récompenser son fils cadet de sa conduite héroïque à la désastreuse défaite de Poitiers, lui avait confié la province. Mais, depuis lors, les « Bourguignons » avaient ajouté à leur province celle de Flandre.

Leur collaboration avec les Anglais pendant la guerre (leur trahison) leur avait valu quinze années de paix et de prospérité. La Bourgogne et ses vins, le Flandre et ses draps assuraient à la cour de Dijon une grande richesse et une extrême magnificence.

À l'opposé du duc de Bourgogne (on disait simplement « le duc »), Louis XI était un roi mal habillé, laid et qui détestait l'apparat. Quand il fit son entrée à Abbeville, les gens disaient : « Est-ce bien le roi ? Tout son équipage ne vaut pas vingt francs, cheval et habillement. » Louis XI était brave cependant et rusé mais, face à Charles le Téméraire, nouveau duc de Bourgogne, il ne semblait pas « faire le poids » !

Le Téméraire souhaitait la destruction de la monarchie. Il incarna la dernière menace contre l'unité de la France : « Au lieu d'un seul Royaume, avait-il coutume de dire, j'en voudrais voir cinq ou six ! » En 1465, 1467 et 1472, il organisa contre Louis XI de véritables révoltes ; il fut même sur le point de jeter le roi en prison à Péronne.

Il rêvait de reconstituer entre la France et l'Allemagne la fugace Lotharingie, ce qui impliquait qu'il fît la conquête de la Lorraine, alors impériale. Louis XI ne payait pas de mine, mais il était beaucoup plus intelligent que son magnifique rival. Il sut soudoyer des princes impériaux et surtout payer les montagnards suisses qui venaient d'acquérir leur indépendance.

Avec la victoire sur les Bourguignons, la nation française était définitivement constituée.

Charles le Téméraire alla attaquer les Suisses. Leurs bataillons étaient alors la meilleure infanterie d'Europe, formés en carré derrière de longues piques, les fantassins suisses battirent le Téméraire à Morat en 1476. Le duc essaya alors de s'emparer de Nancy de vive force. Les Bourguignons furent repoussés. Le surlendemain, 6 janvier 1477, on retrouva le corps de Charles le Téméraire, percé de lances, nu, gelé, à moitié dévoré par les loups. Louis XI avait gagné.

Pas tout à fait : la fille du Téméraire, Marie de Bourgogne, ayant épousé le fils de l'empereur germanique, Maximilien d'Autriche, Louis XI ne put rattacher au domaine royal que la Bourgogne et la Picardie. La Flandre, l'Artois et la Franche-Comté restèrent au Saint Empire. Cependant la nation française était définitivement constituée. Il y aura certes encore rébellions et guerres civiles mais son unité ne sera plus jamais menacée. Les rois anglais et les ducs bourguignons avaient perdu. Louis XI réussit également à hériter de la belle Provence, ce qui affirmait le destin méditerranéen du pays.

Avec Louis XI le rusé, mais aussi le simple (il ne dédaignait pas de dormir, lors de chasses modestes, chez de pauvres paysans), l'autorité royale était devenue telle que personne n'était plus en état de la contester. Superstitieux et tourmenté, le roi aurait pu être content de lui quand il mourut à Plessis-lès-Tours en 1483, s'il avait eu un tempérament heureux. Même au point de vue économique, il avait réussi, développant notamment le Sud-Est et faisant de Lyon la deuxième ville de France.

La France, moins étendue que l'actuelle, était déjà une nation contrastée.

Son héritier Charles VIII, encore mineur, resta jusqu'en 1494 sous la tutelle éclairée de sa sœur aînée Anne, nommée régente, et du mari de celle-ci Pierre de Beaujeu. Elle réunit les états généraux à Tours en 1484 pour faire voter les crédits nécessaires au gouvernement d'un État plus moderne. Sa grande œuvre fut cependant de marier son frère le Dauphin, en 1491, à la duchesse Anne de Bretagne, rattachant ainsi au Royaume, cette vieille province celtique que l'on pourrait appeler le « pays de Galles de la France ». Notons que la Bretagne faisait partie du royaume depuis le début mais en 1491, le roi de France, déjà suzerain de Bretagne, en devint aussi le duc.

Notons encore que le côté « breton » de la province atlantique ou granitique n'est pas originel. Aux temps gallo-romains, la province avait été latinisée comme les autres. C'est seulement depuis l'écroulement de l'Empire romain et les invasions de la

Gaule insulaire (Grande-Bretagne) par des barbares germains « anglo-saxons » que des Gaulois d'outre-Manche, moins latinisés que ceux du continent, et ayant gardé leur langue gaélique, se réfugièrent en masse, pour fuir les Anglo-saxons, en petite Bretagne et y ranimèrent la culture celte et le « breton ». Avec ces rattachements, la France, moins étendue que l'actuelle, était déjà devenue une nation contrastée, unissant dans le même royaume des provinces aussi différentes que la Bretagne ou la Provence. En 1495, après la majorité de Charles VIII et les campagnes d'Italie, une autre période historique commence, celle de la Renaissance.

CHAPITRE V

UNE RENAISSANCE FASTUEUSE ET TRAGIQUE

DE 1495 À 1610

Occupée par la guerre de Cent Ans et la question bourguignonne, la France était restée étrangère aux bouleversements d'un monde qu'elle avait dominé au XIIIe siècle. Or des changements considérables s'étaient produits.

Le 29 mai 1453, les Turcs du sultan Mahomet II avaient réussi à prendre Constantinople, le dernier empereur byzantin Constantin XI ayant trouvé la mort lors de l'assaut. Les pays européens semblèrent se désintéresser de la chute de Byzance, bien que le sultan et ses successeurs ne se contentèrent pas de Constantinople mais firent la conquête des Balkans, en particulier sous Soliman le Magnifique (1494-1566). D'antiques et glorieuses nationalités, la grecque, la serbe, la bulgare et même la hongroise disparurent ainsi, pour des siècles, de l'histoire. Les Turcs ne seront arrêtés que devant Vienne en 1529 par les Autrichiens (et l'Empire ottoman durera jusqu'en 1918). Évidemment, la chrétienté avec Venise, bientôt relayée, garda l'hégémonie maritime en Méditerranée, hégémonie que manifestera la bataille navale de Lépante (1571).

La prise de Constantinople était cependant une victoire incontestable de l'islam.

Cette victoire eut des effets collatéraux surprenants : elle déclencha en Italie la « Renaissance ». Des centaines d'intellectuels grecs en effet avaient fui la ville pour gagner l'Italie, y apportant ce qu'ils avaient conservé de la culture gréco-romaine. Les historiens voient là le commencement des « Temps modernes ».

Je pense que l'on reconnaît la modernité nouvelle à trois signes qui la distinguent des civilisations d'avant la Renaissance. Ce sont l'exaltation de l'individu, l'esprit critique et le goût du changement. L'Antiquité en connaissait deux, avec des individualités flamboyantes telles que Jules César, notre grand colonisateur, et un esprit critique poussé jusqu'au cynisme, mais elle concevait mal le changement, sa vision du temps étant celle de l'éternel retour. Le Moyen Âge en pratiquait deux : propice aux individus extraordinaires, il aima, contrairement à l'Antiquité gréco-romaine, le changement ; mais il était assez fermé à l'esprit critique à cause de l'influence excessive de l'Église.

Les centaines d'intellectuels grecs qui fuyaient les Turcs amenèrent en Italie l'esprit critique de l'hellénisme. Pour la première fois, les trois caractères des « Temps modernes » s'y trouvèrent réunis : initiative individuelle, goût du changement et sens critique. Ce fut une explosion qui se produisit d'abord, évidemment, dans les cités italiennes où les Byzantins avaient trouvé refuge : Bessarion fonda la bibliothèque de Venise et devint cardinal à Rome.

L'Italie connut un nouvel apogée au XVe siècle (après celui de Rome). L'Italie inventa tout : la finance moderne, la science moderne, l'art moderne et la vision moderne du monde, sans parler de la comptabilité en partie double. Florence était gouvernée par une riche famille de banquiers, les Médicis, dont Laurent le Magnifique fut le plus célèbre. Elle connut une exceptionnelle floraison d'artistes. Brunelleschi couronna sa cathédrale d'un dôme d'une audace inouïe. Les Médicis se seraient sentis déshonorés s'ils n'avaient embelli la ville. Ils pratiquaient le précepte

> **Les historiens retiennent 1453 comme le commencement des « Temps modernes »**

« noblesse oblige » et lisaient Platon en grec. On peut penser que nos actuels banquiers sont moins cultivés…

En 1532, un conseiller du gouvernement florentin, Machiavel, écrivit un traité politique toujours actuel, *Le Prince*.

La splendeur de Venise atteignit son sommet. Sa peinture est incomparable. Le Titien l'illustre. Ses marchands surent construire la plus belle cité du monde et inventer en même temps la bourse.

À Rome, la papauté fut exercée par des pontifes, peu chrétiens, mais humanistes qui firent travailler pour leur compte les plus grands artistes. Par exemple, Michel-Ange, de son vrai nom Buonarroti (1475-1564), protégé d'abord par les Médicis, vécut ensuite à Rome. Le pape Jules II lui confia l'exécution des fresques de la chapelle Sixtine. Il fut aussi un admirable architecte qui conçut la place du Capitole et l'extraordinaire dôme de la nouvelle basilique Saint-Pierre. Quand il mourut, à quatre-vingt-neuf ans (d'une chute de cheval !), sa gloire était consacrée par un livre de Vasari.

Léonard de Vinci connaissait à la fois la sculpture, l'architecture, la mécanique et la peinture.

Flamboyante Italie qui vit se côtoyer Michel Ange, Machiavel et Léonard de Vinci (comme à Athènes sous Périclès se rencontraient Sophocle, Aristophane et Thucydide). Léonard de Vinci connaissait à la fois la sculpture, l'architecture, la mécanique et la peinture. Bref, en ce temps-là, l'Italie était le centre du monde. On comprend mieux les convoitises qu'elle suscita en commençant par celle de Charles VIII. Dès qu'il fut majeur, le roi de France s'y précipita, arguant de droits féodaux sur la couronne de Naples qu'il avait héritée.

En septembre 1494, le nouveau roi descendit en Italie avec une puissante armée. Ce fut, à l'aller, une promenade militaire. Le 22 février 1495, Charles VIII entrait dans Naples. Le retour fut plus difficile. Alarmées et poussées par le pape, les cités italiennes s'étaient alliées avec Maximilien d'Autriche contre les Français. Il fallut la « *furia francese* » pour ouvrir le passage à Fornoue. Le roi dut rentrer bredouille en France, un an après en être parti. Il mourut en 1498.

Son cousin le duc d'Orléans lui succéda sous le nom de Louis XII. En 1499, Louis XII reprit le chemin de l'Italie. Ce retour des Français suscita une nouvelle coalition. Malgré le génie militaire de Gaston de Foix, général à vingt-deux ans, Louis XII fut battu à Novare en 1513 ; rentré à Paris, il y mourut le 1er janvier 1515. Comme il n'avait pas de fils, la couronne passa à un autre cousin, François Ier. Celui-ci réussit à prendre une revanche. Il entreprit la conquête du Milanais. La victoire de Marignan, le 14 septembre 1515, lui assura la paix. Les Suisses en particulier, amis jusque-là des cités italiennes, signèrent avec lui en 1516 une alliance, « la Paix perpétuelle », qui sera respectée jusqu'en 1789.

Sans résultat politique aucun, les guerres d'Italie amenèrent toutefois la Renaissance en France.

À Marignan, François Ier voulut être armé chevalier de la main de Bayard, « le chevalier sans peur et sans reproche », allégeance médiévale, mais en réalité François, bel homme, cultivé et flamboyant, n'était plus un homme du moyen âge mais un véritable « renaissant ». Il fit venir en France Léonard de Vinci qui mourut dans ses bras au Clos Lucé près d'Amboise après avoir dessiné pour lui les escaliers hélicoïdaux du château de Chambord.

Le fait que cet admirable édifice ne soit qu'un pavillon de chasse donne une idée de la puissance retrouvée de la monarchie française.

Sans résultat politique aucun, les guerres d'Italie amenèrent toutefois la Renaissance en France. Les châteaux de la Loire sortirent de terre : Amboise en 1498, Chenonceau en 1520, Chambord en 1526. La France s'enflamma à la lumière italienne. Y surgirent alors de très grands écrivains dont le plus fameux, Rabelais (1494-1533), docteur en médecine, moine, père de deux enfants mais curé de Meudon, créa les fabuleux personnages de Gargantua (1523) et de Pantagruel (1531), débordant de sagesse, de paillardise et d'optimisme, qui « grattent l'os pour trouver la substantifique moelle ». D'ailleurs, la généralisation, avec Gutenberg, de l'imprimerie, donnait aux écrivains un plus large public.

François Ier rendit, par l'édit de Villers-Cotterêts en 1539, l'usage du français obligatoire dans les actes juridiques.

Les poètes de la Pléiade, après Rabelais, donnèrent à notre langue un éclat nouveau. Parmi eux, Ronsard, gentilhomme vendômois, auteur un peu leste :

« Ah ! Maîtresse approche-toi
Au moins souffre que ma main
S'ébatte un peu dans ton sein
Ou plus bas si bon te semble ! »

Et le nostalgique Du Bellay, son ami, chantre de la grandeur de notre pays : « France, mère des arts, des armes et des lois ! »

Cependant, malgré tout cet éclat, la France avait manqué le Nouveau Monde… Ce sont les Portugais qui ouvrirent de nouveaux horizons : en 1498, Vasco de Gama aborda Calicut aux Indes, contournant ainsi les douanes arabes et en octobre 1520, Magellan doubla le détroit qui porte son nom pour entrer dans le plus grand océan de la Terre (qu'il nomma « Pacifique » car, par hasard, il n'y rencontra pas de tempêtes). Il fut tué au cours d'un accrochage, sur une

François Ier rendit, par l'édit de Villers-Cotterêts en 1539, l'usage du français obligatoire dans les actes juridiques.

île, avec des indigènes, mais un bateau revint en Europe en 1522. Le premier tour du monde était accompli : la Terre était bien ronde. Il faut souligner le courage de ces marins coupés de longs mois de tout contact avec leur base.

Mais ce sont les Espagnols qui ont conquis le Nouveau Monde. En 1469, Isabelle de Castille, souveraine d'un royaume continental, avait épousé Ferdinand d'Aragon, prince d'un royaume maritime autour de Barcelone. De cette union naquit une nouvelle puissance, l'Espagne.

Sensible, elle aussi, à l'attraction italienne, Isabelle finança l'expédition d'un marin génois (il y eut dès lors « symbiose » entre les marins génois et l'Espagne) qui voulait atteindre la Chine par l'ouest, Christophe Colomb.

En chemin, il rencontra le 12 octobre 1492 l'Amérique, sans en prendre conscience. C'est un géographe allemand qui comprit et donna au continent le nom d'un marin florentin, Amerigo Vespucci. Colomb, lui, s'imaginait être aux Indes (d'où le nom d'« Indiens » qu'il donna aux indigènes. Aujourd'hui on les nomme « Amérindiens »).

En 1522, le premier tour du monde était accompli : la Terre était bien ronde.

Cela dépasse le propos d'une histoire de France de raconter comment, tels les Gaulois par César, les Amérindiens, Aztèques ou Incas, furent conquis facilement – « colonisés » plutôt selon nos critères, par les Espagnols. À cause du formidable « décalage temporel » qui séparait les « conquistadores », hommes cyniques et audacieux de la Renaissance, des indigènes. L'Empire inca vivait au temps de l'Égypte ancienne, les Aztèques à celui des Assyriens ! Les grandes civilisations « précolombiennes » sombrèrent dans le néant comme l'avait fait chez nous, quinze siècles auparavant, la civilisation celte et pour la même raison de « décalage ». Mais l'Espagne était devenue une puissance planétaire alors que la

France était seulement la première puissance européenne. Le xve siècle avait été italien, le seizième sera espagnol.

D'autant plus qu'au Nouveau Monde, l'Espagne, un moment, va ajouter l'Europe. Les « rois catholiques », Isabelle et Ferdinand, n'avaient qu'une fille. Après la mort de sa mère, quand son père exerçait encorc la régence de Castille, Jeanne (surnommée « la folle », elle était dépressive) fut mariée à Philippe le Beau, fils de Maximilien d'Autriche et de Marie de Bourgogne dont elle eut Charles Quint.

Le xve siècle avait été italien, le seizième sera espagnol.

Celui-ci fut d'abord un prince bourguignon. Le français était sa langue maternelle. Il ne parla jamais correctement l'allemand (ni même l'espagnol), mais il réunit sur sa tête une fabuleuse succession, celle qui subsistait de Bourgogne, réduite à la Belgique et à la Franche-Comté, mais fort riche ; celle de son père, le domaine héréditaire de Habsbourg, l'Autriche actuelle ; et surtout la couronne d'Espagne à la mort de Ferdinand, c'est-à-dire la Castille, la Catalogne, le royaume de Naples. Jamais homme n'avait réuni autant de couronnes sur sa tête. Ajoutons à cela un quasi-protectorat sur la république de Gênes qui fournissait l'Espagne en marins depuis Christophe Colomb et le titre de Saint empereur germanique, âprement disputé à François Ier et obtenu grâce aux subsides de la banque Fugger.

Par ce souverain, l'Espagne régnait sur le Nouveau Monde comme sur l'Ancien. Comment, dans ces conditions, Charles Quint, n'aurait-il pas rêvé non pas de reconstituer l'Empire Romain mais d'inventer un Empire universel « sur lequel, disait-il, le soleil ne se couche jamais », dont la base serait le continent européen ? Charles Quint fut réellement un grand « Européen » (infiniment plus que le

Charles Quint disait : « Je parle français aux hommes, italien aux femmes, espagnol à Dieu et allemand à mon cheval »

barbare Charlemagne). Il disait d'ailleurs : « Je parle français aux hommes, italien aux femmes, espagnol à Dieu et allemand à mon cheval. » Notons qu'il ignorait l'anglais. La France seule était un obstacle pour lui car elle formait comme un « trou noir » au centre exact de ses possessions : pour faire passer des troupes d'Espagne en Allemagne, il était obligé de la contourner en transportant par mer ses soldats de Barcelone à Gênes, puis par la Lombardie en Autriche. La lutte contre la France était donc une nécessité pour le Habsbourg. Elle commença en 1520 et dura trente-neuf ans jusqu'en 1559.

Charles Quint et François Ier n'en virent pas la fin car elle se termina sous le règne de leurs fils.

Dès le début des hostilités, les impériaux (comme on appelait les partisans de Charles) envahirent la France par le nord. Mézières fut assiégée. Bayard la délivra en 1521. Ensuite, ils l'envahirent par le sud. Marseille fut assiégée elle aussi. François Ier se résolut alors à une contre-offensive en Italie.

Malheureusement, il fut battu et fait prisonnier à Pavie le 24 février 1525. « Tout est perdu sauf l'honneur », écrivit-il à sa mère.

Emmené à Madrid, il signa tout ce que l'on voulut. Libéré après plus de six mois de captivité, il renia une signature arrachée sous la contrainte. Puis il s'allia avec les ennemis de l'empereur (jusqu'au sultan turc Soliman le Magnifique) et réussit péniblement à contenir le Habsbourg. François mourut en 1547. Son fils Henri II rechercha, lui, l'alliance des princes rebelles allemands et obtint d'eux la cession de Metz, Toul et Verdun, « les trois évêchés » en 1552.

Épuisé par l'extraordinaire activité qu'il avait déployée pendant plus de trente ans pour gouverner son Empire mondial, Charles Quint, deux ans avant sa mort, se retira dans un monastère espagnol à Yuste. Seul exemple avec Dioclétien qui, treize siècles auparavant, s'était retiré dans un palais dalmate à Split (*spalato*, « palais »), d'un empereur quittant le pouvoir de lui-même.

Après sa mort, ses immenses possessions furent plus raisonnablement divisées : à Ferdinand, son frère, l'Autriche et la couronne impériale, d'où la devise autrichienne A.E.I.O.U. « *Austria Est Imperare Orbi Universo* », « L'Autriche doit dominer le monde » (l'Empire autrichien durera jusqu'en 1918) ; à Philippe II, son fils, les domaines espagnols et Naples. La maison d'Autriche coupée en deux, les Habsbourg d'Autriche et ceux d'Espagne, Philippe II d'Espagne reprit la guerre contre la France, d'autant plus redoutable qu'il avait épousé Marie Tudor, reine d'une Angleterre enfin sortie de la longue crise qui avait suivi la guerre de Cent Ans.

Par le nord, les coalisés prirent Saint-Quentin en 1557, mais le duc de Guise, général du roi Henri II, s'empara de Calais en janvier 1558, Calais que les Anglais possédaient depuis deux siècles, leur échappait définitivement… Les adversaires se résolurent alors à la paix qui fut signée le 25 août 1559 à Cateau-Cambrésis par les rois de France, d'Angleterre, d'Espagne et par l'empereur germanique. La « nation » triomphait du rêve impérial, bien que ce traité ne fût qu'une trêve dans la lutte de la France contre la maison d'Autriche qui contrôlait encore l'est du territoire actuel. L'année même du traité de paix, Henri II mourut accidentellement dans un tournoi.

La Renaissance a été une formidable « révolution culturelle »

La Renaissance a été une formidable « révolution culturelle » et la France y a finalement beaucoup participé. Cependant, cette révolution culturelle ébranla les fondements de la société européenne qui étaient, depuis le Moyen Âge, religieux.

Les mœurs des papes de la Renaissance qui avaient maîtresses et enfants et vivaient de manière peu évangélique scandalisaient beaucoup de croyants d'autant que, à l'évidence, l'Église avait grand besoin de réformes.

Un moine allemand se fit l'écho de cette indignation. Il condamnait en particulier les trafics auxquels se livraient les pontifes transformés en marchands du temple, comme le commerce des « indulgences » (rémission de peines dans l'au-delà moyennant finance).

Martin Luther, moine augustin, afficha donc le 31 octobre 1517, sur les portes de l'église du château de Wittenberg, quatre-vingt-quinze thèses pour condamner ce trafic. Personne ne put l'amener à se rétracter ; au contraire, il publia en 1520 un manifeste, *À la noblesse de la nation allemande*, et brûla la bulle du pape qui le condamnait.

Les mœurs des papes de la Renaissance scandalisaient beaucoup de croyants.

Sa protestation était juste, les papes de la Renaissance ressemblant fort peu à Jésus de Nazareth. Trois siècles auparavant, Innocent III avait su, lui, descendre de son trône pour embrasser François d'Assise qui lui faisait pareillement la leçon ; mais l'église du XVIe siècle n'était plus celle du XIIIe et les pontifes ne voulurent pas entendre Luther.

D'où la rupture et un mouvement de retour à l'Évangile auquel on donna le nom de « protestantisme ». L'Allemagne prit conscience d'elle-même avec ce moine réfractaire qui traduisit pour la première fois la Bible en Allemand.

Beaucoup de princes allemands y trouvèrent prétexte pour s'affranchir de Rome et confisquer les biens d'Église. Le grand maître de l'ordre militaire des Chevaliers teutoniques, par exemple, Albert de Brandebourg, se convertit au protestantisme pour créer en 1525 le duché de Prusse.

En 1530, Luther, dans la « Confession d'Augsbourg », énonça la règle « *Cujus regio, ejus religio* » : « Les sujets doivent avoir la même religion que celle de leurs princes. » Ainsi, sa réaction vertueuse contre les papes s'était transformée en aggravation de l'asservissement aux princes !

En 1534, le roi d'Angleterre Henri VIII, qui voulait divorcer malgré le refus de la papauté (refus non point « moral » mais « politique », Henri étant marié à la tante de Charles Quint), rompit également avec Rome mais en conservant tous les aspects d'un catholicisme national, L'« anglicanisme ».

L'Angleterre faisait donc un retour fracassant dans la grande histoire, même si Henri VIII se heurta dans son royaume à un fort parti fidèle à Rome et dut faire exécuter son chancelier Thomas More en 1535. Tandis qu'une partie de l'Allemagne devenait luthérienne, une réforme encore plus radicale était prêchée par un Français, Calvin. Il avait vingt ans de moins que Luther dont il approuvait l'action.

Tandis qu'une partie de l'Allemagne devenait luthérienne, une réforme plus radicale était prêchée par un Français, Calvin.

En 1533, comme François Ier commençait à s'opposer aux réformes, Calvin se réfugia à Bâle, où il écrivit en 1539 *l'Institution de la religion chrétienne*. Puis il s'installa à Genève, cité-état qui s'était rendue indépendante du duché de Savoie (elle ne rentrera dans la confédération suisse qu'en 1815), dont il devint le dictateur de 1541 à sa mort. Il y fit régner un « ordre moral » étouffant, n'hésitant pas à faire tuer son ami Michel Servet. Les protestants que l'histoire actuelle tend à présenter comme des chrétiens éclairés furent parfois des fanatiques.

À la mort de Calvin en 1564, ses disciples avaient déjà fondé en France plus de deux mille communautés réformées. Depuis Genève, bien plus que l'Allemagne, le protestantisme se répandit en France.

L'Église catholique entreprit enfin de se réformer, ce fut la « Contre-Réforme ». De 1544 à 1563, un concile se tint dans la ville de Trente, réunissant les principaux évêques et théologiens. Les papes se remirent à croire en Dieu. Le Basque espagnol Ignace de Loyola fonda le 15 août 1534, sur la butte Montmartre à Paris, l'ordre des Jésuites, entièrement dévoués à la papauté. Très cultivés, ils surent mettre « *ad majorem dei gloriam* » l'intelligence au service de la mission. Les *Exercices spirituels* écrits par Ignace en espagnol en 1548, puis traduits en latin et en français, furent un best-seller, approuvé par le pape Paul Ier. Des jésuites devinrent mandarins en Chine (Matteo Ricci), brahmanes aux Indes (Nobili) ou missionnaires au Japon (François-Xavier).

Le Savoyard François de Sales rédigea avec sa complice Jeanne de Chantal un *Traité de l'amour de Dieu* en langue française.

L'Église connut à nouveau des évêques pasteurs, dont François de Sales est l'exemple, et des mystiques géniaux, surtout en Espagne où « la madre » Thérèse d'Avila et son ami Jean de la Croix furent de grands poètes. C'est peut-être pour cette raison que Charles Quint parlait à Dieu en Espagnol. Par la création de séminaires destinés à former les prêtres, l'Église se dota d'un clergé renouvelé, digne et cultivé, opposable aux pasteurs protestants. Alors que le protestantisme, quelque peu « iconoclaste », ne réussissait pas à s'inventer une architecture, l'Église catholique fit surgir un urbanisme nouveau, celui de l'art baroque, illustré par Le Bernin et les bras tendus de la place Saint-Pierre à Rome.

L'épreuve de force religieuse se joue en France.

L'épreuve de force engagée entre les réformés de diverses obédiences, luthériens en Allemagne, anglicans en Angleterre, calvinistes en France et une Église catholique rénovée, continuait.

Il était évident que la partie allait se jouer en France. Si celle-ci basculait vers la Réforme, le protestantisme s'imposerait, si elle demeurait catholique, la Réforme resterait « régionale »...

Par malheur, ce bras de fer qui aurait pu rester théologique, devint militaire. En 1563, quatre ans à peine après la signature de la paix de Cateau-Cambrésis et la fin de sa longue lutte contre la Maison d'Autriche, la France entrait de nouveau en guerre, mais à l'intérieur d'elle-même: la plus atroce de toutes les guerres, la guerre civile, parce qu'elle oppose non des soldats qui ne se connaissent pas personnellement mais des fils à leur père, des frères à leurs frères, des amis à leurs amis. Cette terrible lutte intérieure, connue sous le nom de « guerre de Religion », allait durer trente ans. Au commencement, François Ier n'était pas opposé aux protestants. Il correspondait avec le luthérien allemand Mélanchton et songea même à le mettre à la tête du Collège de France. Mais, en France, les calvinistes, plus radicaux que les luthériens, brisaient les statues de la Vierge et des saints, exaspérant la population. Ils allèrent jusqu'à afficher de violentes attaques contre l'Église sur la porte de la chambre à coucher du roi. Ce dernier y vit non plus de la religion, mais une attaque contre son autorité: les persécutions antiprotestantes commencèrent. Elles raffermirent le courage des persécutés qui s'organisèrent sur le modèle de la communauté de Genève et d'après les instructions de Calvin.

L'adhésion à la Réforme d'une partie de la noblesse transforma ce mouvement en parti politique.

La politique se mêlant à la religion, un grand nombre de nobles se rallièrent à la Réforme. En 1559, les réformés tinrent à Paris un grand synode. L'adhésion à la Réforme d'une part de la noblesse transforma ce mouvement religieux en un parti politique et militaire décidé à la lutte armée.

François II, fils et successeur d'Henri II, roi à seize ans, redoubla de sévérité contre le parti protestant qui essaya de le faire enlever, mais le complot fut découvert (conjuration d'Amboise, 1560). Le jeune roi mourut après un an de règne.

Catherine de Médicis (fille de Laurent II de Médicis), régente au nom de Charles IX, second fils d'Henri II, un enfant de dix ans, indifférente en matière de religion, essaya de réconcilier les adversaires. Elle eut pour auxiliaire dans cette tentative le chancelier Michel de l'Hospital, esprit modéré : « Le couteau, disait-il, vaut peu contre l'esprit. » Ils réunirent une assemblée d'évêques et de pasteurs, le colloque de Poissy en septembre 1561 qui promulgua un édit de tolérance. Le fanatisme malheureusement l'emporta dans les deux camps. Un mois après l'édit de tolérance, catholiques et calvinistes s'entre-tuaient à Vassy. Ce fut le signal de la guerre civile.

Les deux partis firent appel à l'étranger. Catherine demanda l'appui du roi d'Espagne Philippe II, l'amiral de Coligny, chef des calvinistes, celui de la reine d'Angleterre Élisabeth. L'Angleterre anglicane redevenait une puissance majeure avec la grande Élisabeth.

Il y eut des trêves, celle d'Amboise, celle de Saint-Germain ; Coligny fut nommé membre du Conseil du roi Charles IX, Catherine favorisa le mariage de sa fille, Marguerite de Valois, avec le chef du parti protestant, le jeune Henri de Navarre.

Mais, très vite, Catherine de Médicis comprit qu'elle risquait de perdre toute autorité. Huit jours après le mariage de sa fille, elle arracha au faible Charles IX l'ordre de faire massacrer les chefs protestants venus à Paris pour les noces. Cette « Saint-Barthélemy » de la nuit du 23 au 24 août 1572 fit trois mille morts dont Coligny. Quatre ans plus tard, en 1576, Henri de Navarre, épargné à cause de son rang, s'enfuyait de Paris et reprenait la tête du parti protestant. Charles IX mourut en 1574, ne laissant qu'une fille. La couronne revint à son frère Henri III. Celui-ci était alors en Pologne dont il avait été élu roi. Aussitôt qu'il apprit la mort de son frère, il s'enfuit de Pologne et rentra en France.

La guerre continuait. L'« union calviniste » avait des finances, une armée, un gouvernement dont le chef était le jeune roi de Navarre, échappé de Paris, Henri de Bourbon. Mais, avec Henri III, les catholiques se divisèrent. Personnage cultivé, complexe, homosexuel, accordant trop de crédit à ses « mignons », cc roi avait cependant le sens de l'État. Il mit à l'écart sa mère et s'appuya sur les catholiques modérés (les politiques), mais il se heurta au catholicisme fanatique de la « Ligue » dirigée par le duc Henri de Guise, lequel, considérant que le roi trahissait les intérêts de l'Église, l'obligea à prononcer en juillet 1585 l'interdiction du culte calviniste. La popularité du duc de Guise, surnommé Henri le Balafré (à cause d'une blessure reçue au visage), devint immense. Henri III était bloqué au Louvres. Ayant réussi à quitter Paris, sous le motif de convoquer les états généraux à Blois pour leur faire voter des impôts, Henri III appela dans sa chambre le duc de Guise. Comme il arrivait, huit gentilshommes de la garde royale tuèrent le duc. Il faut dire que le « Balafré » s'était laissé aller à des paroles imprudentes, donnant à entendre qu'il allait mettre la couronne sur sa propre tête. On parle de l'« assassinat du duc de Guise », alors qu'il s'agit en fait de l'exécution d'un rebelle par l'autorité légitime.

Henri III s'était rapproché d'Henri de Navarre et l'avait reconnu comme successeur.

Le pauvre Henri III sera, lui, réellement assassiné par un moine ligueur, Jacques Clément, le 2 août 1589. Avant sa mort, Henri III s'était rapproché d'Henri de Navarre et l'avait reconnu comme son successeur. En effet, selon l'ordre de succession monarchique, les fils de Catherine de Médicis n'ayant pas laissé de descendance, la couronne devait échoir à Henri de Bourbon ; or, celui-ci était protestant.

Deux principes se sont affrontés à ce moment décisif, celui de religion et celui de légitimité juridique. Car si Henri était protestant, il était incontestablement l'héritier légitime. Les catholiques éclairés en convenaient. Mais les masses populaires de France restait obstinément catholiques. Henri de Navarre, malgré sa brillante victoire d'Ivry en 1590, ne pouvait gagner Paris où les Espagnols tenaient garnison.

Henri eut l'intelligence de transiger : il abjura le protestantisme et put ainsi, en 1594, entrer à Paris. On lui prête ce mot : « Paris vaut bien une messe. » S'il ne l'a pas prononcé, il l'a certainement pensé. En 1598, devenu roi et sacré (à Chartres), il inaugurait la troisième dynastie de l'histoire de France, celle des Bourbons qui comptera huit rois et durera (avec l'interruption majeure de la Révolution) jusqu'en 1848. Henri IV promulgua le 13 août 1598 le fameux édit de Nantes qui accordait aux protestants la liberté religieuse. Si l'édit reste prudent, ses conséquences idéologiques sont immenses. À partir de sa promulgation, on peut dissocier religion et citoyenneté. Le protestant renégat se montrait ainsi infiniment plus progressiste que les papes ou que Luther et Calvin. On pourrait dire, sans exagération, que la conception française de la laïcité n'est pas née, comme on le croit, en 1905 mais en 1598 !

On pourrait dire que la laïcité à la française est née 1598.

Henri IV mit ainsi fin aux guerres de Religion en France. Elles avaient été atroces de part et d'autre. Le roi s'efforça, avec succès, de réconcilier les adversaires en les mettant les uns et les autres au service de l'État. Les Espagnols avaient depuis longtemps quitté Paris sous les quolibets de la foule. Mais l'Espagne de Philippe II, maîtresse du Nouveau Monde, restait une puissance planétaire ainsi que l'Angleterre d'Élisabeth Ire. Cette dernière prit d'ailleurs le pas sur l'Espagne, détruisant l'« invincible Armada » espagnole en 1588. L'Angleterre inaugura son destin de puissance maritime. Parmi tous ces concurrents,

Henri IV s'employât à redonner sa place à une France éloignée des affaires internationales depuis trente ans par la guerre civile.

Le roi était courageux à la guerre, familier et bonhomme, « il savait donner à ses ordres des apparences de prière », dit son ministre Maximilien de Béthune, connu sous le nom de Sully. Mais il entendait être obéi et écrivait à un gouverneur de province trop insolent.

« Votre lettre est d'un homme en colère. Pour moi, je n'y suis pas encore, je vous prie de ne m'y mettre point. »

Une fois son mariage avec Marguerite de Valois (la reine Margot) annulé en 1589, Henri épousa Marie de Médicis dont il eut quatre enfants. Mais la vie sentimentale du « Vert Galant » était tumultueuse et ses maîtresses étaient célèbres, telles Gabrielle d'Estrées, Henriette d'Entragues et Charlotte des Essarts.

Le roi et Sully s'employèrent à restaurer les finances, tout en allégeant les charges des paysans que le roi estimait : « Labourage et pâturage… » On connaît son souhait que tous les Français puissent manger paisiblement « leur poule au pot ».

Il rétablit partout dans le royaume la loi et l'ordre. Grâce à sa prudence, le paysan connut douze années de paix intérieure et extérieure. Cela fit plus qu'aucune mesure gouvernementale pour l'amélioration du niveau de vie, la France étant un pays naturellement riche. Le gouvernement travailla aussi à restaurer les industries tombées en décadence sous la guerre civile : la draperie, la tapisserie, les soies et velours à Tours et à Lyon. Il ordonna de grands travaux (le canal de Briare pour joindre la Seine à la Loire par le Loing). Avec le Vert Galant, la France renoua avec l'océan. Samuel de Champlain, sur son ordre, fonda Québec en 1608 sur les bords du fleuve Saint-Laurent en Amérique du Nord. La guerre religieuse était oubliée. Elle allait se rappeler au bon souvenir des Français. Le Roi bonhomme traversait Paris dans son carrosse, sans protection, quand il fut assassiné, le 14 mai 1610, par un fanatique catholique du nom de Ravaillac. Malgré cela, un catholicisme tolérant avait gagné la partie : La France n'avait pas basculé dans le protestantisme.

CHAPITRE VI

L'APOGÉE CLASSIQUE OU LES SIÈCLES FRANÇAIS

DE 1610 À 1789

À la mort d'Henri IV, la régence fut exercée en France par Marie, une autre Médicis, fille du grand duc de Toscane. Influençable et peu intelligente, elle rompit avec la posture prudente de son époux, renvoya Sully et reprit une politique « catholique » tournée vers l'Espagne. Allait-on retomber dans les excès de la ligue ?

Mal entourée d'intrigants, dont l'aventurier italien Concini et sa femme Leonora Galigaï, Marie eut cependant l'involontaire mérite de faire entrer Armand du Plessis de Richelieu, l'évêque de Luçon (« l'évêché le plus crotté de France », disait-il) en son conseil.

L'exécution de Concini en 1617 par Luynes, sur ordre du roi, mit fin au règne personnel de la régente. Progressivement, elle glissa vers la disgrâce. L'entregent et la souplesse de Richelieu, devenu cardinal en 1622, permirent à ce dernier, intelligemment, de passer du conseil de la régente au conseil du roi. Après 1624, il n'en sortira plus jusqu'à sa mort, dix-huit ans plus tard. Aucune intrigue ne parvint à dissuader le nouveau roi de le garder au pouvoir. Une dernière fois, le 10 novembre 1630, Marie essaya d'arracher au souverain le renvoi du cardinal. Elle crut avoir réussi. Ce fut « la journée des dupes » car, dès le lendemain, ses conseillers étaient emprisonnés et elle-même, exilée quelques mois après, s'enfuit à l'étranger.

En 1624, Louis XIII avait vingt-quatre ans et le cardinal ministre, trente-neuf. Ces deux-là vont constituer un couple exécutif inattendu mais efficace. Le roi était un homme assez grand, engoncé dans son corps, au physique ingrat, bègue, peut-être homosexuel. Il était mal à l'aise avec les femmes, à commencer par celle à laquelle sa mère l'avait marié : Anne d'Autriche, infante d'Espagne, que le roi et le cardinal soupçonnèrent longtemps, non sans raison, d'accointances avec l'ennemi. Car Richelieu avait repris la politique antiespagnole et anti-impériale d'Henri IV. Louis mit treize ans avant de se résoudre à faire un enfant à sa femme, sur les instances du cardinal. Mais ce souverain, timide et gauche, entendait cependant rester le maître. Il discutait pied à pied avec son principal ministre qui devait lui arracher chaque décision : « Les quatre pieds carrés du cabinet du roi, écrivit Richelieu, furent pour moi plus difficiles à conquérir que les champs de bataille de l'Europe. » Cependant, Louis XIII finissait par s'incliner, non par faiblesse, mais parce qu'il appréciait l'immense talent de son ministre et la pertinence de ses avis.

Le cardinal était fort différent : bel homme, au physique rehaussé par la pourpre, énergique, hyperactif, au courant par ses espions de toutes les affaires du royaume, dominateur, il eut toujours l'esprit de s'incliner devant la légitimité d'un roi qui, d'un mot, aurait pu le renvoyer à son « évêché crotté ». Entre ces deux hommes différents, la confiance ne se démentira jamais.

À l'intérieur, Richelieu lutta contre toutes les forces qui avaient l'audace de s'opposer à l'autorité royale.

Les protestants avaient profité de la régence pour relever la tête et, en 1627, ils ouvrirent aux Anglais le port de leur « ville de sûreté », La Rochelle, sous l'impulsion intégriste du maire Guiton.

Le cardinal, pour empêcher les navires anglais de ravitailler la ville, fit jeter devant son port une digue océane – travail d'Hercule, à cause des tempêtes atlantiques. Il en surveillait jour après jour l'achèvement.

L'image de la grande silhouette rouge du cardinal, bottée et armée, arpentant l'ouvrage en construction, s'impose à notre mémoire. À l'automne 1628, la ville capitulait et le roi pouvait y faire son entrée sur des monceaux de cadavres. Les gens de la RPR (religion prétendue réformée) se soumirent. Mais le cardinal respecta totalement leur liberté religieuse et assuma l'édit de Nantes, refusant seulement qu'ils constituent un état dans l'État.

> **Richelieu poussa le roi à sévir contre ceux des « grands » qui complotaient.**

Par ailleurs, il poussa le roi à sévir durement contre ceux des « grands » qui complotaient. Ainsi, en 1632, Montmorency, gouverneur du Languedoc ayant soulevé sa province, fut décapité. De même, en 1642, Cinq-Mars, qui essayait de faire assassiner le cardinal, le fut aussi…

En Europe, Richelieu pratiqua une politique habile pour restaurer la grandeur de la France. Tant qu'il le put, il préféra agir par personne interposée.

Dans le Saint Empire venait d'éclater une terrible guerre civile qui laissa l'Allemagne exsangue. Le nouvel empereur Ferdinand II (qui n'était pour les princes allemands qu'un *primus inter pares*) voulut calquer son autorité sur celle des rois de France, d'Espagne ou d'Angleterre. Roi de Bohême, il prétendit enlever aux Tchèques leurs libertés coutumières. Ceux-ci se révoltent en 1617, jetant les envoyés de l'empereur par la fenêtre (« défenestration de Prague »). L'empereur les écrasa en 1620 à la Montagne Blanche.

Richelieu jugeait qu'une Allemagne unie et centralisée eut été un danger mortel pour la France. Il s'employa donc à contrecarrer les efforts de l'empereur, appuyant contre lui les princes protestants, au grand scandale du parti « dévot » (c'est-à-dire catholique) français.

Il poussa le roi de Suède, Gustave Adolphe, qui rêvait de faire de la Baltique un « lac suédois », à intervenir. Gustave Adolphe débarqua en Allemagne en 1630 et occupa Munich en 1632.

Cette guerre civile, dite « guerre de Trente Ans » (1618-1648) eut des effets dévastateurs dans le monde allemand qui mit longtemps à se relever, ce qui, avouons-le, n'était pas pour déplaire à notre cynique cardinal. Pour intervenir, il attendit autant qu'il le pouvait ; se contentant de faire occuper la vallée alpine de la Valteline, avec l'appui de la Confédération suisse et de la république de Venise car c'était l'unique route par laquelle pouvaient communiquer Habsbourg de Vienne et Habsbourg d'Espagne. Enfin, en 1635, Richelieu se résolut, le fruit étant mûr, à entrer dans la guerre.

La France gagna sur les deux fronts, l'espagnol et l'autrichien, mais après la mort du grand cardinal qui ne vit pas le fruit de ses efforts. Les Espagnols furent battus en 1643 à Rocroi par le Grand Condé et les Autrichiens en 1648 par Turenne en Alsace. Le traité de Westphalie du 24 octobre 1648 établit pour longtemps l'équilibre européen.

Le Saint Empire restait une poussière d'états mal soumis à l'Autriche et l'Espagne entrait en décadence. La France se fit reconnaître la possession des trois évêchés Metz, Toul, Verdun et des droits imprécis sur l'Alsace. Elle devenait la puissance centrale du continent.

Dans le domaine culturel, le grand cardinal fonda l'Académie française en 1635 et fit bâtir les bâtiments de l'église de la Sorbonne et du Palais-Cardinal (aujourd'hui Palais-Royal) à Paris.

Au bourg de Richelieu, dans les pays de Loire, le cardinal fit élever une ville. Le château a été détruit, mais son parc et la beauté des maisons du bourg témoignent de la grandeur de l'œuvre. Évidemment, les Français lui en voulaient : les nobles de baisser la tête, les paysans de leur faire payer des impôts élevés à cause de la guerre.

Mais l'or du Nouveau-Monde ne faisait plus seulement que traverser l'Espagne, il venait s'investir dans les manufactures françaises restaurées par Henri IV. De santé fragile, malgré son énergie farouche, épuisé par un travail intense, le cardinal mourut en 1642 et son roi, tuberculeux, le tourmenté et loyal Louis XIII, quelques mois plus tard, en 1643

À peine les deux dirigeants français étaient-ils morts que l'Angleterre entrait en révolution, à l'écart des conflits du continent. Sous l'influence d'Oliver Cromwell, dictateur intégriste (« lord Protecteur »), elle fit couper la tête de son roi en 1649. Cent quarante-trois ans avant les Français !

Appuyé sur les rigides « puritains », le lord Protecteur occupa militairement l'Écosse et l'Irlande. L'occupation de l'Écosse calviniste se fit sans trop de mal, mais il n'en a pas été de même pour l'Irlande catholique. Les « landlords » protestants s'y substituèrent aux seigneurs locaux et opprimèrent les paysans indigènes. Commença à ce moment une lutte irlando-anglaise qui aujourd'hui s'apaise à peine. Cromwell ordonna en Irlande de hideuses tueries.

La France devenait la puissance centrale du continent.

Cependant, après la mort du dictateur en 1658, la monarchie fut rétablie en Grande-Bretagne (son nouveau nom depuis l'annexion de l'Écosse et de l'Irlande). La révolution n'a donc été en Angleterre qu'une brève tentation. En particulier, elle ne modifia en rien la structure sociale du pays.

En France, Louis XIII mort, son épouse Anne d'Autriche, écervelée jusque-là et restée espagnole plutôt que française, se hissa à la hauteur des circonstances. Ne pensant plus qu'à la couronne de son fils, elle prit à jamais le parti français. Oubliant les humiliations que son époux et le cardinal de Richelieu lui avaient fait subir, elle comprit les motifs du cardinal, dictés par la raison d'État. Loin de vouloir s'en revancher, elle prit comme Premier ministre le 16 mai 1643 celui-là même que Richelieu lui avait recommandé : le cardinal Mazarin ! Ce fut une stupeur générale et une désillusion pour le parti des nobles et des dévots.

Mazarin était la créature, en même temps que l'opposé de feu son maître. Il était laïc et ne fut jamais prêtre ou évêque, contrairement à son prédécesseur, quoique cardinal. C'était un Italien et non un Français. Un diplomate davantage qu'un guerrier, rude sous des apparences souples. Anne d'Autriche, infante d'Espagne, oublia sa famille et ne pensa plus qu'au bien de la France.

L'État avait été sauvé par deux étrangers, un Italien et une Espagnole.

Mazarin et Anne formèrent un couple solide. Ils n'étaient pas amants, malgré ce que le ton enflammé de leurs lettres pourrait laisser croire. L'union d'un roturier et de la descendante de Charles Quint était inimaginable ! Par ailleurs, Mazarin avait accepté de devenir le parrain du Dauphin. Pour la très catholique Anne, le parrainage eut transformé leur union en inceste ! Cependant, cette amitié de cœur leur donna le courage de s'opposer à la Fronde.

En effet, Richelieu et Louis XIII à peine morts, tous ceux qu'ils avaient soumis relevaient la tête. Les parlementaires d'abord (c'est-à-dire les juges), puis les grands nobles. Ces deux « frondes » durèrent de 1648 à 1652. À noter qu'elles n'empêchèrent pas la conclusion victorieuse de la Paix de Westphalie en octobre 1648.

Le vainqueur de Rocroi, Condé, aussi arrogant qu'il était brave, exaspéra par ses exigences la régente, qui le fit emprisonner quelques mois. Si-tôt Condé libéré, son arrogance le rendit odieux aux Parisiens. Quittant Paris, le prince prit la tête de la révolte nobiliaire, n'hésitant pas à s'allier au roi d'Espagne. Bientôt vaincu par Turenne et abandonné de tous, il s'enfuit chez les Espagnols. La Fronde était finie. L'État avait été sauvé par deux étrangers, un Italien et une Espagnole.

Le traité des Pyrénées signé en 1659 mit également fin aux hostilités extérieures. Mazarin put gouverner en paix. Bien qu'il ait confondu le trésor public et sa cassette privée, Mazarin a bien mérité de l'État. Évidemment, cette guerre civile avait causé beaucoup de misères, faisant apparaître des hommes de grand secours comme Saint Vincent de Paul qui organisa un véritable service d'assistance publique et fonda l'ordre des Sœurs de la Charité pour s'occuper des pauvres ainsi que l'hospice de la Salpêtrière.

Le prestige intellectuel de la France dépassait désormais celui de l'Italie. René Descartes, installé en Hollande par commodité plus que par prudence, mais passionnément lu et commenté à Paris, publia en 1637 son fameux *Discours de la méthode*. Quand il venait dans la capitale, il y rencontrait un autre génie : Blaise Pascal, physicien auteur d'études savantes sur le vide, la pesanteur et la mécanique des fluides. Les deux hommes avaient en commun la « méthode expérimentale ». Pascal était en outre un grand mystique, aujourd'hui plus connu pour ses *Pensées* que pour son *Traité du triangle arithmétique*.

De son côté, le jeune Dauphin n'oublia jamais la Fronde. Il avait à peine dix ans quand, au milieu d'une rude nuit d'hiver (le 5 janvier 1649), vers trois heures du matin, on l'avait tiré de son lit pour l'emmener en cachette au château de Saint-Germain où il avait dormi sur des bottes de paille. Il en garda une méfiance durable envers la noblesse. En attendant, c'était un fort beau jeune homme très amateur de femmes, qui laissait gouverner son parrain et sa mère. Personne ne savait ce qu'il avait dans la tête, à l'exception de Mazarin qui jugeait grandes les capacités de son filleul et élève en politique.

Le traité des Pyrénées avait conclu son mariage avec l'infante d'Espagne Marie-Thérèse. Cette reine, qui mourut en 1683, tiendra un rôle effacé, supportant sans mot dire les infidélités de son mari. De ses six enfants, un seul survivra : le Grand Dauphin, qui mourut sans avoir régné.

À Paris cependant, le beau jeune homme, que l'on espérait perdu dans ses plaisirs, réunissait son conseil pour la première fois depuis la mort de son parrain le cardinal Mazarin. Il dit aux ministres :

« Jusqu'à présent, j'ai bien voulu laisser gouverner mes affaires par feu le cardinal, je serai à l'avenir mon propre Premier ministre. Vous m'aiderez de vos conseils quand je vous les demanderai. Je vous prie et ordonne de ne rien sceller que par mes ordres et de ne rien signer sans mon consentement. »

En même temps, il faisait arrêter par ses mousquetaires le magnifique surintendant des finances, Nicolas Fouquet, dont la puissance (superbe château construit à Vaux, cour brillante qui sera transférée entière autour du nouveau roi, armée privée à Belle-Île) faisait de l'ombre au roi. Arrestation injuste mais dictée par la raison d'État. Le fastueux surintendant, après un procès inique, mourut ignoré dans la citadelle royale de Pignerol.

L'arrestation de Fouquet, le refus d'avoir un Premier ministre, ces véritables coups de théâtre – Rossellini en fera un film, *La Prise de pouvoir par Louis XIV* – révélaient l'énergie du roi que seul Mazarin avait su discerner. Louis avait alors vingt-deux ans. Il avait succédé enfant à son père en 1643, mais c'est en cette année 1661 que commença un règne personnel qui durera cinquante-quatre ans et qui fut grand.

Ayant gardé de la Fronde une méfiance profonde envers la noblesse, Louis XIV gouverna donc avec des bourgeois « qui ne pouvaient lui demander de partager avec eux l'autorité », disait-il.

Le ministre le plus important fut Colbert, agent de Mazarin et artisan de la chute de Fouquet. Pendant vingt-deux ans, il dirigea les finances, l'intérieur, le commerce et l'industrie, les colonies et la marine... Avec l'accord du roi, Colbert fit édifier de célèbres manufactures dont certaines se sont transformées en puissantes entreprises modernes, telle Saint-Gobain. Il fit promulguer une loi sur les forêts afin de préparer les chênes nécessaires à la marine future. L'état « colbertiste » a vraiment existé.

Louvois devint en 1662 secrétaire d'État à la guerre. Il était aussi brutal que Colbert était calme mais réussissait à assurer au roi une armée permanente de quatre cent mille hommes, la première d'Europe, supérieure en nombre, remarque l'historien Pierre Chaunu, à celle qu'entretenait l'Empire romain.

L'ingénieur Vauban fut promu par le roi (il sera maréchal à sa mort en 1707), nommé commissaire général aux fortifications ; il dirigea les travaux de trois cents places fortes, entourant la France, selon son expression, d'une « ceinture de fer » et adaptant l'art de la fortification à la puissance de l'artillerie, en enterrant les murailles. Mais on ne saurait réduire Vauban à son art. Ce fut aussi un grand fiscaliste, un conseiller courageux qui osait dire au souverain en plein conseil : « Majesté, vous avez tort. »

Louis fit souvent la guerre, la guerre de Dévolution de 1667 à 1668, la guerre de Hollande de 1672 à 1678, la guerre de la ligue d'Augsbourg de 1668 à 1697 et celle de la succession d'Espagne de 1701 à 1714. Seule la Hollande lui résista. Dès 1648, la Hollande avait enlevé à Venise la suprématie navale. Maîtresse du Cap et de l'archipel d'Indonésie, la petite Hollande (avant d'être supplantée par l'Angleterre) était une thalassocratie puissante. Glorieuse aussi sur le plan culturel. Erasme y écrivait ainsi que Spinoza et Descartes y vécut. En même temps qu'une peinture flamande, il y avait une peinture hollandaise…

La guerre franco-hollandaise se solda par un match nul. La République batave confia sa défense au prince de la ville d'Orange (en France). Il la sauva en ouvrant les digues. Après la paix de Nimègue (1678), Guillaume fut appelé en Angleterre dont il devint roi. (Voilà pourquoi les protestants royalistes irlandais se nomment « Orangistes ».) Guillaume d'Orange fut toujours l'ennemi le plus constant de Louis XIV.

La dernière guerre, celle de « succession d'Espagne », faillit mal se terminer et Louis XIV fut obligé d'en appeler à la bonne volonté de ses sujets par une lettre lue dans toutes les paroisses de France. Malgré les apparences, le Roi-Soleil restait ainsi fidèle aux traditions capétiennes et s'appuyait sur le peuple. Ce peuple répondit en envoyant son or. La victoire de Denain en 1712 permit à Louis d'installer l'un de ses petits-fils sur le trône d'Espagne, mettant fin à une rivalité séculaire : « Il n'y a plus de Pyrénées », disait-il. Voilà pourquoi un Bourbon, Juan Carlos, est aujourd'hui roi d'Espagne !

Malgré leur coût, ces guerres de Louis XIV, menées par des armées de métier à la périphérie du royaume, furent davantage les actions d'un propriétaire désireux d'agrandir son champ que des aventures. Le Roi-Soleil n'aurait pas eu l'idée saugrenue (qu'aura Bonaparte) d'aller faire occuper Berlin ou Vienne…

De fait, il acheva presque de dessiner notre actuel hexagone en annexant au royaume l'Artois, Lille, la Franche-Comté, le Roussillon et en mettant la main sur Strasbourg en 1681 (une citadelle y fut construite par Vauban en 1687). Seule manquait encore la Lorraine (à l'exception des trois évêchés Toul, Metz et Verdun). À l'intérieur, sa politique protestante

Louis XIV révoqua l'édit de Nantes, grande faute d'un règne par ailleurs positif.

se révéla catastrophique. Quoiqu'il fut lui-même un catholique libéral, il ne perdait jamais une occasion de s'opposer au pape. Ainsi, en 1677 et en 1682, à propos du droit de régale, Louis prétendait gouverner ses évêques, ne laissant à Rome qu'une vague autorité spirituelle. Il voulait une église « gallicane ». Mais par ailleurs, beaucoup moins progressiste que son grand-père Henri IV, il supportait mal les dissidences : il fit loger ses troupes chez les familles protestantes (il n'y avait pas de casernes) en leur donnant pour consigne de s'y rendre insupportables. On obtenait ainsi des conversions en masse dont la sincérité doit être mise en doute. Il crut sincèrement qu'il ne restait plus dans le pays que quelques milliers de Réformés obstinés, malgré les objurgations de Vauban : « Les rois, lui écrivit ce dernier, sont certes les maîtres des vies et des biens de leurs sujets mais ils ne le sont jamais de leurs opinions, parce que les pensées intérieures sont hors de leur puissance. » Le 18 octobre 1685, Louis révoqua l'édit de Nantes, la grande faute d'un règne par ailleurs positif. Deux cent mille Français protestants, en général de haut niveau technique et culturel, émigrèrent alors en Prusse ou en Afrique du Sud hollandaise, lourde perte pour le pays, mal compensée par l'immigration de catholiques irlandais, persécutés, eux, par les Anglais.

Le reste de sa politique intérieure prête moins à discussion. Par exemple, il faut bien comprendre que la construction du sublime palais de Versailles fut un acte de haute politique.

Inauguré en 1682, Versailles n'était pas seulement la plus belle résidence royale, imitée dans l'Europe entière ; c'était surtout une machine à domestiquer la noblesse, obligée d'habiter aux alentours pour faire sa cour au roi. Ce palais de glace, sublime et fragile, nous révèle aussi à quel point régnait l'ordre intérieur. Car il était indéfendable en cas d'émeute (on le verra sous la Révolution). D'ailleurs, Paris lui-même, sous le Roi-Soleil, n'avait pas de muraille, seulement un mur d'octroi, « le mur murant Paris, rend Paris murmurant », orné de belles portes Saint-Denis, Saint-Martin (toujours debout). En France, la paix du roi régnait : une nouvelle paix romaine.

On reconnaît un dirigeant à la qualité de son entourage. Les « petits chefs » ne supportant pas les talents s'entourent d'incapables. Les grands savent que la gloire de ceux qui les accompagnent ne leur porte pas ombrage mais au contraire rejaillit sur eux. De ce point de vue, Louis XIV mérite son surnom de « Louis le Grand ». *Nec pluribus impar*, « à nul autre pareil », était sa devise. Mais autour du Roi-Soleil, on rencontrait l'architecte Mansart, le musicien Lully, le paysagiste Le Nôtre, l'ingénieur et fiscaliste Vauban ainsi qu'une pléiade d'hommes de lettres « passionnés » : Corneille, Racine, le fabuliste La Fontaine, qui expriment dans une langue transparente, « classique », la complexité des choses et leur dureté. Le dépouillement suggère le brillant, la légèreté de la fable révèle la profondeur. « Ce qui se conçoit bien s'énonce clairement » est le slogan de ce siècle où la grandeur se traduit par la mesure.

Louis XIV sut s'entourer de grands talents.

Il faut souligner le génie de Racine et de Corneille qui, en peu de mots et en s'imposant des règles strictes, explorent au scalpel les passions de l'homme : amour, haine, ambition, gloire, avarice, hypocrisie, peur. Arrêtons-nous aussi au cas de Molière. Jean-Baptiste Poquelin (1622-1673), avocat raté, fut nommé par Louis XIV comédien ordinaire du roi « à la Comédie-Française ». Le roi lui laissa créer et interpréter des pièces séditieuses, scandaleuses encore aujourd'hui. Songeons au Tartuffe, impitoyable satire des talibans de tous les temps. À la fin de la première représentation, les bien-pensants, outrés, affichaient un silence glacial. Le roi applaudit très fort et les courtisans furent bien obligés d'en faire autant.

Louis XIV pouvait écouter sans se vexer ce vers de Corneille : « Pour grands que soient les rois, ils sont ce que nous sommes. Ils peuvent se tromper comme les autres hommes. » Ajoutons que le roi « très chrétien » était, comme son grand-père Henri IV, un bon vivant. Il eut d'innombrables maîtresses dont trois marquèrent les étapes du règne. Mademoiselle de La Vallière fut la femme des débuts exultants, madame de Montespan, celle de la maturité glorieuse, madame de Maintenon, la femme du soleil couchant. Cette dernière, qui avait rencontré le roi parce qu'elle élevait ses bâtards, devint son épouse « morganatique » après le décès de la reine et fonda la maison d'éducation pour jeunes filles de Saint-Cyr. Mais ces maîtresses n'avaient pas voix au chapitre politique.

Louis XIV restait avant tout un travailleur acharné, à faire, comme il le disait, son « métier de roi ».

Le roi montait à cheval pour chasser le cerf deux heures de suite. Le soir, il présidait les dîners, entouré de jolies femmes. Mais il restait avant tout un travailleur acharné à faire, comme il disait, son « métier de roi », étudiant les dossiers de Colbert ou de Louvois et présidant les conseils, à son bureau, dix heures par jour.

Outre Versailles, il nous a laissé de magnifiques monuments. Toutes les villes de France lui doivent des bâtiments publics de belle allure. Paris, que l'on imagine à tort négligé parce que la Cour résidait à Versailles, lui doit trois grands hôpitaux sur le boulevard sud : les Invalides (pour les vieux soldats blessés), le Val-de-Grâce et la Salpêtrière avec leurs dômes magnifiques.

Les Invalides sont peut-être le plus beau monument de Paris ; or, ce n'était qu'un hôpital ! Cet hôpital nous en dit plus sur Louis XIV que Versailles, la grandeur d'une civilisation se mesurant davantage d'après les hospices construits pour les pauvres que sur les palais des riches !

Tous les souverains d'Europe voulurent imiter Louis. Près de Vienne, le Habsbourg fit construire Schönbrunn. Au fond de la Baltique, le tsar Pierre le Grand fit élever Petersburg. Certes, les paysans se plaignaient des impôts. Si les bourgeois aimaient Louis, les nobles le détestaient évidemment : le talent d'un Saint-Simon ne dissimule pas sa hargne. Nous l'avons vu, le XIIIe siècle avait été français, le XVe, italien, le XVIe, espagnol. Avec les XVIIe et XVIIIe siècles, la France connut un deuxième apogée, celui des « temps classiques ». La langue française devint universelle (à Austerlitz, tous les souverains ennemis de Napoléon parlent français entre eux).

Les vingt millions de français qui vivaient sous Louis XIV furent, en fin de compte, beaucoup moins malheureux qu'une certaine école historique contemporaine ne l'affirme. Tous bénéficièrent de la paix et d'une bonne administration.

Quand Louis XIV mourut enfin (d'une gangrène mal soignée) « vieux et rassasié de jours » en 1715, le roi de Prusse, quelques temps plus tard, ouvrit son Conseil des ministres en français. Il déclara seulement : « Le roi est mort », et n'eut pas besoin de préciser de quel roi il s'agissait, tous les présents l'avaient compris !

Les Invalides en disent plus sur Louis XIV que Versailles !

On serait incomplet sur le règne de Louis XIV si l'on oubliait les jansénistes. Ces hommes cultivés se réunissaient à Port-Royal-des-Champs pour vivre dans la prière et le travail. Ils eurent comme élève Blaise Pascal. Au début, le roi s'en soucia peu, les jansénistes étant gallicans (c'est-à-dire partisans des libertés de l'Église de France) comme lui. Puis il les prit en grippe parce qu'ils avaient des relations politiques avec les ennemis de la couronne et les fit disperser en 1705. Cela n'était pas à son honneur.

Malgré tout, il ne put empêcher le catholicisme français de

subir une forte influence janséniste qui se transforma au siècle suivant en opposition à la royauté.

La Bruyère et Fénelon appartiennent à la génération de la fin du règne. Aussi leurs œuvres n'ont-elles plus un caractère de calme grandeur. Ils cessent de se vouloir des écrivains universels pour devenir les peintres attristés d'un règne finissant.

Cette puissante civilisation du XVIIe siècle français avait ses défauts. Certes, les lois de la galanterie française gouvernaient toutes les cours d'Europe, mais on se lavait davantage en Angleterre, tandis qu'au Moyen Âge et à la Renaissance, l'usage des bains était fréquent, on se lavait peu au grand siècle, dissimulant les mauvaises odeurs par des parfums répandus à profusion. Louis XIV avait horreur de l'eau froide.

Les dernières années de Louis XIV furent marquées par la mort. Il était vieux et glorieux mais il vit mourir son fils légitime, le Grand Dauphin, puis il assista impuissant à la mort de son petit-fils, de sa petite-fille, d'un arrière petit-fils, enlevés en quelques jours par une épidémie mystérieuse (la variole, probablement). Tant de malheurs ne purent l'abattre. Pas un instant il n'abandonna la direction des affaires. « Il se montra inaltérable et supérieur à tout, sans la plus petite affectation », est obligé de constater Saint-Simon. Cette noble fermeté lui gagna jusqu'à l'admiration de ses ennemis.

Sous la Régence, le mécontentement des bourgeois est une des causes lointaines de la Révolution.

Il laissait pour lui succéder un arrière petit-fils survivant, âgé de cinq ans, orphelin de surcroît : Louis XV.

Louis XIV avait eu le temps de confier la régence à son plus proche parent, son neveu, le duc Philippe d'Orléans.

Le « Régent » (il est resté célèbre sous ce nom) avait quarante-deux ans.

Il va gouverner de 1715 à 1723, pendant la minorité de

Louis XV, et ce temps, la « Régence », eut les qualités et les défauts du régent – Philippe était supérieurement intelligent et courageux, mais paresseux, insouciant et corrompu. Aussi la Régence fut-elle un temps de réaction contre le règne précédent : une fête qu'illustre bien le film de Bertrand Tavernier *Que la fête commence*. C'était comme un ressort que l'on décomprime ; les notables explosèrent de joie.

Philippe d'Orléans aurait pu se contenter de laisser les choses rentrer dans l'ordre. Mais, emporté par son sentiment de caste, il rompit, sans s'en apercevoir, la séculaire alliance des Capétiens et du peuple. Son oncle n'avait gouverné qu'avec des bourgeois, les nobles étant le plus souvent réduits à leur fonction militaire. Or, le Régent nomma les grands, dont l'avis était nécessaire sur toute chose, dans des commissions qui composaient la « polysynodie ». Les bourgeois en furent mécontents, et leur mécontentement ne fera que grandir au cours du siècle ; on peut y voir l'une des causes lointaines de la Révolution.

Le Régent héritait de finances délabrées. En 1716, Law, un banquier écossais, vint proposer d'ajouter à la monnaie de métal une monnaie de papier : des billets à terme pouvant être échangés. L'usage de billets à terme, ancien comme le commerce, était pratiqué depuis longtemps à Venise. La nouveauté était la possibilité de faire circuler ces billets, non plus seulement entre acheteurs et vendeurs, mais entre tout le monde ; leur circulation étant garantie par une banque qui fut fondée en 1716. C'est le système pratiqué partout aujourd'hui. L'idée, ingénieuse, était en avance sur l'époque. Les spéculateurs jugèrent plus sage d'échanger leurs billets contre du numéraire, déclenchant une formidable banqueroute.

Trois milliards en billets circulaient, alors que Vauban avait calculé la valeur totale du numéraire français à un demi-milliard.

Law dut s'enfuir. Le Régent mourut d'une attaque d'apoplexie le 2 décembre 1723. Louis XV était alors majeur.

Au commencement, il confia le gouvernement au cardinal de Fleury qui sut remettre les finances en ordre. Mais, à la mort de Fleury en 1743, Louis XV, âgé de trente-trois ans, voulut gouverner lui-même. Or, il en était incapable. Intelligent, beau, ce roi fut incroyablement paresseux. Le meilleur de ses ministres, Choiseul, aux affaires étrangères, arrivait à peine à le voir un quart d'heure par semaine. Louis n'était pas bon vivant, ce que les Français ne détestent pas, il était dépravé. La seule favorite qui compta fut Jeanne Poisson, qu'il fit marquise de Pompadour, mais le roi préférait les courtisanes et ne s'en cachait pas. La reine Marie Leszczynska, fille d'un roi de Pologne, ne comptait pas. Louis XV n'a probablement jamais déclaré « après moi le déluge », mais cette formule le dépeint tout entier. Ce fut le malheur de la France d'avoir pendant si longtemps (Louis XV mourut le 10 mai 1774) un roi aussi médiocre alors que, partout ailleurs en Europe, les souverains étaient remarquables.

En Prusse régnait le grand Frédéric II (1740-1786). À la tête d'une armée efficace et agressive, le roi soldat agrandit la Prusse qui devint une puissance militaire, battant même à Rossbach en novembre 1757 une armée française commandée par l'incapable Soubise. Dans l'Empire, agrandi de la Hongrie après des victoires sur les Turcs, Marie-Thérèse partagea après 1765 un pouvoir restauré avec son fils l'empereur Joseph.

En Russie, Catherine II (1762-1796) réussit, toute femme qu'elle était, à garder la main de fer de Pierre le Grand.

Prusse, Russie et Autriche se partagèrent le malheureux royaume de Pologne, qui disparut en 1772 du nombre des états indépendants (et ce jusqu'à 1918). La Grande-Bretagne, appelée « Royaume-Uni » depuis 1707, inventait la monarchie constitutionnelle et régnait sur les mers où elle surclassait la Hollande.

La grande affaire du temps fut la rivalité navale franco-anglaise. La France disposait alors d'une très bonne marine, les chênes plantés par Colbert dans les forêts domaniales étant devenus de puissants vaisseaux ! Le XVIIIe siècle fut l'apogée de la marine à voile. De beaux trois-mâts armés de dizaines de canons de chaque côté étaient manœuvrés par des matelots de Cornouaille, de la Tamise (pour l'Angleterre), de Bretagne ou de Provence (pour la France). On explorait alors les mers du Sud à l'image de l'Anglais Cook et du Français La Pérouse. Les officiers de marine étaient remarquables. En Amérique du Nord, depuis Québec, les Français s'étaient répandus de tous côtés. Ils étaient les maîtres du continent. Leur présence reste attestée aujourd'hui par la toponymie des lieux : Montréal (Mont-Royal), Détroit (le détroit entre les Grands Lacs que nos snobs s'obligent à prononcer « Ditroït »), Saint Louis, La Nouvelle-Orléans. Ils contrôlaient les deux grands fleuves : le Saint-Laurent et le bassin du Mississippi, parcourus par de courageux explorateurs (Cavelier de la Salle). La Nouvelle-Orléans était la réplique méridionale de la nordique Québec.

La Nouvelle-Orléans était la réplique méridionale de la nordique Québec.

Cette immense colonie manquait cependant d'hom-mes. Les Français répugnaient à s'expatrier (« Heureux comme Dieu en France », dit un proverbe allemand). Explorateurs ou soldats, oui, émigrants, non. En conséquence, l'immense Amérique française était occupée par cent mille colons, obligés d'avoir d'excellents rapports avec les tribus indiennes. Le Royaume-Uni ne contrôlait que la côte est, les treize colonies étirées du Maine à la Caroline. Mais cette mince bande atlantique était peuplée d'un million de colons, souvent des dissidents en froid avec l'Église anglicane. Les pèlerins du *Mayflower* avaient fondé Plymouth peu après que les Français eussent fondé Québec.

Changeons de continent : aux Indes, les français Dupleix et La Bourdonnais, l'un et l'autre au service de la Compagnie des Indes, étaient des hommes de grande valeur. Nommé gouverneur de l'Inde française, Dupleix avait conclu des traités de protectorat avec la plupart des rajas du Deccan. L'Inde devenait française.

Ainsi, vers 1750 les Français dominaient-ils deux continents extra-européens : l'Amérique du Nord et le sous-continent des moussons.

Les Anglais ne pouvaient accepter cela. Pour le Royaume-Uni, qui ne s'est jamais suffi à lui-même, la domination des mers était un enjeu vital.

De 1756 à 1763, une guerre maritime opposa outre-mer Anglais et Français. La balance des forces était du côté de la France, plus peuplée, plus riche et dotée d'une aussi bonne marine que sa rivale.

Mais la motivation n'était pas la même. Fortement insérée en Europe, avec un roi débile, la France restait indifférente à son Empire planétaire. Rappelons ici les mots méprisants de Voltaire (qui en cette circonstance ne fit pas preuve de jugement) sur les « arpents de neige » du Canada.

Les excellents généraux français, Lally-Tollendal aux Indes et surtout le marquis de Montcalm en Amérique, se battirent bien mais, sans soutien ni renforts de la métropole, ils furent obligés de se sacrifier. Montcalm fut tué sous les murs de Québec le 13 septembre 1759 et Lally-Tollendal rendit Pondichéry le 18 janvier 1761.

D'un cœur léger, Louis XV, par le traité de Paris en 1763, céda au Royaume-Uni les Indes et l'Amérique. Le traité de Paris du 10 février 1763 est le plus désastreux que la France ait subi (avant l'armistice de juin 1940).

Si Louis XV avait été un roi conscient de ses devoirs, le monde parlerait encore aujourd'hui le français. Quant à l'Angleterre, elle devenait « la » puissance maritime prépondérante qu'elle restera jusqu'en 1941. Cependant, le rattachement de la Lorraine en 1766 compensa quelque peu ce désastre. La France restait le foyer de la culture européenne, le foyer des lumières. Chacun connaît Voltaire et ses contes, Jean-Jacques Rousseau et son *Contrat social* (1762), les principes constitutionnels de Montesquieu dans *De l'esprit des lois* (1750). Publiés de 1761 à 1772, les dix-sept volumes de l'*Encyclopédie* dont Diderot et d'Alembert furent les principaux rédacteurs, donnent pour la première fois une synthèse du savoir humain et affirment la prééminence de la raison sur les dogmes. Rationalistes et humanistes, ces grands philosophes n'étaient pas des démocrates (à l'exception de Rousseau). Ils prêchaient le « despotisme éclairé », ils se spécialisèrent même dans le conseil – on dirait aujourd'hui le « coaching » – des souverains (d'ailleurs, ce terme vient du français « cocher », c'est-à-dire « diriger » à l'image du cocher d'un fiacre). Ils correspondaient, en français, avec Catherine de Russie et le grand Frédéric, lesquels, tout modernistes qu'ils fussent, n'étaient pas précisément des démocrates. Ils pratiquaient le cosmopolitisme et l'« humanitaire », sans craindre la contradiction idéologique. Humanistes mais parfois propriétaires de bateaux négriers. Car le siècle des lumières fut aussi celui de la traite des Noirs. Les civilisations d'Afrique noire produisaient de l'art, de la beauté mais, sans État, elles étaient incapables de résister à des commandos organisés et armés.

Les philosophes des lumières pratiquaient le cosmopolitisme et l'« humanitaire »

La traite fut d'abord musulmane et arabe (par le désert et les caravanes ou par la mer, depuis Zanzibar). Avec les progrès de la navigation hauturière, elle devint européenne. Les grandes plantations des Antilles avaient besoin de main-d'œuvre. Les bateaux négriers quittaient Nantes, Londres ou Liverpool, échangeaient, avec la complicité des chefs Africains, leur verroterie contre des esclaves dans le golfe de Guinée, puis vendaient ceux-là en Amérique contre du sucre ou du coton avant de revenir ; c'est ce que l'on appelle le « commerce triangulaire ». La traite est la face d'ombre du siècle des lumières. Arabe ou européenne, elle ravagea l'Afrique noire. Elle explique cependant la présence d'une forte communauté noire en Amérique. Avec la défaite française, la traite passa presque entièrement sous le contrôle Anglais et fit les beaux jours de Liverpool.

La traite est inqualifiable. Ce fut une formidable régression historique, l'esclavage ayant pratiquement disparu depuis la chute de l'Empire romain.

Par ailleurs, les idées nouvelles avaient leur mauvais côté, le « despotisme éclairé » voulant faire le bonheur des hommes malgré eux. Il est intéressant de voir à quel point l'on peut être dépassé par l'application de ses idées : Voltaire pouvait-il imaginer Robespierre ? Les lumières furent néanmoins un formidable mouvement de liberté et d'émancipation.

« Celui qui n'a pas connu cette époque, dira Talleyrand, ignore ce que peut être la douceur de vivre. »

L'idée d'égalité entre les hommes échappe à ce moment à son origine évangélique, pour se laïciser. On connaît la réplique de l'un des personnages du *Mariage de Figaro* de Beaumarchais lancée par un homme du peuple qui répond à un noble qui affichait sa morgue : « Vous vous êtes donné la peine de naître, et rien de plus. »

Ces idées subversives trouvaient refuge dans les corporations ouvrières, en particulier celle des maçons, qui jouissaient du droit de réunion. Des intellectuels passaient ainsi du salon des duchesses, qui riaient de leurs saillies « à gorge déployée », aux ateliers des artisans (d'où le « tablier » et la « truelle »). Le duc d'Orléans fut le premier grand maître de la franc-maçonnerie française en 1773.

Jamais la vie ne parut plus allègre, tout au moins chez les dirigeants. « Celui qui n'a pas connu cette époque, dira Talleyrand, ignore ce que peut être la douceur de vivre. » La France était la patrie des idées nouvelles mais Louis XV mourut, détesté, le 10 mai 1774.

Il eut pour successeur son petit-fils Louis XVI. Le nouveau roi avait vingt ans et son épouse Marie-Antoinette d'Autriche, dix-neuf. Tous les deux poussèrent le même cri quand ils apprirent la mort de Louis XV : « Quel malheur ! Nous régnons trop jeunes. » Louis XVI était l'absolu contraire de son grand-père : gros garçon, lourd, passionné de chasse et de serrurerie, fort mangeur. Il était honnête, bon et n'eut jamais de maîtresse. Moralement estimable, il était influençable ; sa femme le qualifiait de « pauvre homme ».

Mais les débuts de son règne furent tout de même glorieux. Si les Français s'étaient peu soucié de la perte de leurs colonies, ils en voulaient néanmoins à l'Angleterre. Quand les colons anglais d'Amérique se révoltèrent contre leur métropole, l'opinion française fut toute entière du côté des « insurgents ».

En effet, en 1776, les habitants de Boston avaient refusé de payer les lourdes taxes imposées par leur métropole. L'insurrection gagna rapidement les treize colonies et un riche planteur de Virginie, George Washington, en fut nommé général. Tous les dirigeants « insurgents » se prévalaient d'ailleurs des idées des philosophes français. Dès 1778, Benjamin Franklin était envoyé à Paris, tandis que de jeunes aristocrates traversaient l'océan pour se battre aux côtés des révoltés, le plus connu d'entre eux étant La Fayette. En ce temps-là, quand on soutenait une cause, on allait se battre…

Livrés à eux-mêmes, les insurgés n'auraient pas vaincu l'armée anglaise envoyée pour les soumettre. C'est une loi historique : s'il est vrai qu'une armée régulière ne peut réduire une guérilla, il est aussi vrai qu'une guérilla ne peut venir à bout d'une armée régulière.

Le 4 juillet 1776 à Philadelphie, le congrès des insurgés proclama l'indépendance. Mais l'armée anglaise menaçait tout. Le jeune Louis XVI, sensible au désir général de revanche des Français, hésita trois ans cependant avant de déclarer la guerre au Royaume-Uni. Il y fut poussé par le comte de Vergennes, ministre des Affaires étrangères qui pensait qu'il fallait à tout prix relever la France de la situation humiliante dans laquelle l'avait placée le traité de Paris de 1763.

Le 6 février 1778, la révolte des colons américains se transformait en guerre de revanche de la France contre l'Angleterre.

La flotte française n'avait jamais été aussi puissante. Commandée par l'amiral de Grasse, elle transporta jusqu'en Amérique une armée dirigée par un gentilhomme vendômois nommé Rochambeau.

Cette armée et cette flotte bloquèrent le corps expéditionnaire anglais dans Yorktown, une petite ville de Virginie. L'armée britannique capitula le 19 octobre 1781. Par ailleurs, aux Indes, le bailli de Suffren tenait tête à la marine anglaise avec une forte escadre. Les Français allaient-ils retrouver leur Empire perdu ? Ils se contentèrent de la satisfaction morale de la revanche.

Le 3 septembre 1783, par le traité de Versailles (vingt ans après l'humiliant traité de Paris), les Anglais reconnaissaient l'indépendance des États-Unis d'Amérique. Mais ils gardaient les Indes : l'« Indian Act », qui marque leur suprématie sur le sous-continent, date précisément de 1784 !

Un nouvel acteur était apparu sur la scène du monde.

La Constitution américaine, adoptée le 17 septembre 1787, créait une république fédérale dont George Washington fut le premier président. En réalité, davantage qu'une fédération, cette Constitution américaine créait une nation : « *We the People* »

(« Nous le Peuple ») sont ses premiers mots. Et cette nation, c'est la France qui l'avait engendrée. La monarchie française venait d'accoucher d'une république.

TROISIÈME PARTIE

LES SIÈCLES RÉPUBLICAINS

CHAPITRE VII

UNE EXPLOSION FONDATRICE

DE 1789 À 1815

On traite en général séparément la Révolution française et l'Empire napoléonien. Je pense qu'il ne faut pas les traiter à part car l'unité de la période est flagrante. Le ministre autrichien Metternich, acteur de premier plan, contemporain des événements, l'avait compris : « Napoléon, c'est la Révolution en personne. » De fait, les temps révolutionnaires français vont de 1789 à 1815. Il est vain de vouloir en retrancher quelque partie que ce soit.

Les « siècles français » couvrent en effet les XVIIe et XVIIIe siècles ; or, le XVIIIe siècle s'achève à Waterloo, en même temps que la prépondérance de la France.

Ces siècles culminent ou se terminent dans une gigantesque explosion, l'une des secousses les plus étonnantes et ambivalentes de l'histoire du monde. Lénine nommait ces événements la « grande Révolution » et il avait raison. Cette explosion était tellement imprévisible que personne ne la comprit.

Les *Mémoires d'outre-tombe* de Chateaubriand l'ont noté par la suite : « Lorsque la guerre de la Révolution éclata, les rois ne la comprirent point ; ils virent une révolte où ils auraient dû voir le changement des nations, la fin et le commencement d'un monde : ils se flattèrent qu'il ne s'agissait pour eux que d'agrandir leurs États de quelques provinces arrachées à la France ; ils croyaient à l'ancienne tactique militaire, aux anciens traités diplomatiques, aux négociations des cabinets ; et des conscrits allaient chasser les grenadiers de Frédéric, des monarques allaient venir solliciter la paix dans les antichambres de quelques démagogues obscurs, et la terrible opinion révolutionnaire allait dénouer sur les échafauds les intrigues de la vieille Europe. Cette vieille Europe pensait ne combattre que la France ; elle ne s'apercevait pas qu'un siècle nouveau marchait sur elle… »

À cette explosion inattendue, on peut, *a posteriori*, trouver deux causes.

La première, la faillite financière : la guerre d'Amérique et l'indépendance des États-Unis avaient coûté beaucoup d'argent à la monarchie de Versailles.

L'expression « monarchie absolue » est trompeuse. En effet, les rois ne pouvaient créer d'impôts nouveaux sans le consentement des représentants du peuple, les états généraux, composés de trois assemblées séparées : celle de la noblesse, celle du clergé et celle du peuple (« tiers état », comme « tiers-monde »).

Contrairement à ce que croient les économistes, ce sont les idées et les passions qui mènent les hommes, davantage que les intérêts.

En Angleterre, on ne trouvait que deux assemblées, la Chambre des lords où se côtoyaient nobles et ecclésiastiques, et celle des communes, émanation des bourgeois. Mais elles siégeaient en permanence et marchandaient les crédits.

En France, les États généraux n'avaient plus été convoqués depuis 1614 ; les rois de France préféraient manquer d'argent plutôt que d'avoir des comptes à rendre aux notables. Ces notables, nobles, évêques ou riches bourgeois du Tiers avaient fait les mêmes études et étaient imprégnés des idées des lumières.

La seconde cause de l'explosion, la principale en fait, fut donc idéologique. Contrairement à ce que croient les économistes, ce sont en effet les idées et les passions qui mènent les hommes, d'avantage que l'intérêt.

Les vrais responsables de la Révolution étaient morts au moment où celle-ci eut lieu.

Victor Hugo mit dans la bouche de Gavroche ces mots si justes :

« Je suis tombé par terre,
C'est la faute à Voltaire.
Le nez dans le ruisseau,
C'est la faute à Rousseau. »

Louis XVI, acculé financièrement, convoqua donc les États. Les élections eurent lieu « par ordre » (noblesse, clergé, bourgeois) dans toutes les paroisses ; accompagnées par la rédaction coutumière de « cahiers de doléances » qui nous permettent de saisir l'état de l'opinion éclairée en 1789. Elle était réformiste mais monarchiste.

Le mardi 5 mai 1789, le roi procéda à Versailles à l'ouverture des États généraux. Dès le début, cela tourna mal. Le mercredi 17 juin, sur proposition de l'abbé Sieyès, les députés du tiers, rejoints par quelques ecclésiastiques et des nobles progressistes, se déclarèrent constitués en « Assemblée nationale ». Louis XVI pouvait choisir la répression ou la conciliation. La répression était possible avec une armée largement constituée de mercenaires étrangers comme le régiment royal allemand et la garde suisse. On connaît ce mot d'un expert en la matière (Bonaparte) : « Le roi se fut montré à cheval, la Révolution n'aurait pas eu lieu. »

La conciliation aussi : la monarchie française aurait pu, à l'instar de la monarchie britannique, devenir une monarchie constitutionnelle, c'était d'ailleurs le vœu unanime des notables, parmi lesquels on ne pouvait pas trouver un seul républicain. Dans ce cas, comme en Angleterre, un roi serait toujours chef de l'État, aujourd'hui, à Paris.

Mais les défauts de Louis XVI s'étaient accentués, le rendant incapable de choisir. Il avait trente-cinq ans. « Le roi a passé sa vie, note Mirabeau, à dire le soir qu'il avait eu tort le matin. » En effet, le matin, sous l'influence d'un Necker, il était réformiste ; le soir, sous celle de Marie-Antoinette, élevée dans l'absolutisme viennois, il était réactionnaire.

Il voulut d'abord congédier l'Assemblée qui s'était déclarée « constituante ». Le comte de Mirabeau eut ces mots célèbres : « Nous sommes ici par la volonté du peuple et n'en sortirons que par la force des baïonnettes. » Le roi céda et sembla même se désintéresser de la question. Le 14 juillet, une émeute parisienne s'empara de la Bastille, presque vide de prisonniers et gardée par des vétérans suisses, événement militairement insignifiant mais de portée symbolique considérable. Louis XVI, qui chassait ce jour-là, écrivit dans son carnet personnel : « Rien ». Il est vrai qu'il parlait du gibier qu'il n'avait pas tué. En face de ce roi indécis et dépassé par les événements, l'Assemblée constituante voulait des réformes raisonnables et une monarchie à l'anglaise (avant de combattre l'Angleterre, la Révolution fut anglomane).

L'Assemblé constituante voulait des réformes raisonnables et une monarchie à l'anglaise.

Cette Assemblée travaillait beaucoup et touchait à tout : instauration du système métrique et des départements, mariage civil, citoyenneté reconnue aux Juifs, fulgurante Déclaration des droits de l'homme et du citoyen du 26 août 1789, résumé et paroxysme de la philosophie des lumières : « Les hommes naissent et demeurent libres et égaux en droits. »

Chateaubriand, petit noble breton, royaliste, excellent journaliste, nous a laissé dans ses *Mémoires* une description saisissante de la Constituante : « Les séances du soir l'emportaient en scandale sur celles du matin : on parle mieux et plus hardiment à la lumière des lustres. La salle du Manège était alors une véritable salle de spectacle, où se jouait un des plus grands drames du monde. Les premiers personnages appartenaient encore à l'ancien ordre de choses ; leurs terribles remplaçants, cachés derrière eux, parlaient peu ou point. À la fin d'une discussion violente, je vis monter à la tribune un député d'un air commun, d'une figure grise et inanimée, régulièrement coiffé, proprement habillé comme le régisseur d'une bonne maison, ou comme un notaire de village soigneux de sa personne. Il lut un rapport long et ennuyeux ; on ne l'écouta pas. Je demandai son nom : c'était Robespierre. Les gens à souliers étaient prêts à sortir des salons, et déjà les sabots heurtaient à la porte. »

Pendant la séance de nuit du 4 août, l'Assemblée vota avec enthousiasme l'abolition des privilèges féodaux.

Ces résolutions devaient, pour avoir force légale, être ratifiées par le roi, redevenu populaire. Deux mois plus tard, Louis XVI, toujours indécis, n'avait encore rien ratifié. On aurait pu croire qu'il se préparait à l'épreuve de force avec l'Assemblée, mais quand, le lundi 5 octobre, quelques milliers de femmes parisiennes, manipulées par les extrémistes, exigèrent son retour à Paris, il se laissa faire, quitta Versailles et vint s'établir avec sa famille aux Tuileries où il était, de fait, prisonnier du peuple de Paris, tenu en main par les extrémistes. « Quel couillon », pensait l'officier Bonaparte en permission à Paris. Le 14 juillet de l'année suivante (1790) pour commémorer la prise de la Bastille, les constituants organisèrent une grande fête sur le champ de Mars : la fête de la Fédération.

La messe y fut célébrée par Talleyrand, alors évêque, et La Fayette, choisi par les délégués venus de toutes les provinces, présenta la Constitution au roi qui présidait le rassemblement. Malgré la pluie, l'enthousiasme fut grand.

Encore une fois, la monarchie constitutionnelle aurait pu naître sans trouble. Mais Louis XVI considérait la couronne et la religion comme plus importantes que la nation. Il supportait en particulier très mal la « constitution civile du clergé » à laquelle les prêtres devaient jurer obéissance malgré l'opposition du pape. Le 21 juin 1791, le roi, sa femme Marie-Antoinette et ses enfants montèrent en pleine nuit, avec une suite restreinte, dans plusieurs carrosses pour aller à Metz se placer sous la protection de troupes fidèles et surtout sous celle de l'empereur neveu de Marie-Antoinette dont l'armée campait à la frontière. Cette fuite faillit réussir. Les carrosses allaient vite à condition de remplacer les chevaux aux relais de poste. Grâce aux monnaies qui portaient son effigie, le visage du roi était connu. À Varennes, à trente kilomètres seulement de la frontière, un maître de poste reconnut le roi et appela à l'aide. La famille royale fut ramenée à Paris où la foule assemblée l'accueillit par un silence de mort. Les députés, pour minimiser l'incident, inventèrent la fable, à laquelle personne ne crut, que l'on avait voulu enlever le roi.

L'Assemblée constituante se sépara et une Assemblée législative, pièce maîtresse de la nouvelle monarchie constitutionnelle, fut élue, le roi étant maintenu.

Puis l'Assemblée constituante se sépara et une Assemblée législative, pièce maîtresse de la nouvelle monarchie constitutionnelle, fut élue, le roi étant maintenu. Mais la fuite de Varennes, ressentie comme une trahison, avait définitivement rompu la confiance qui existait encore, jusque-là, entre la monarchie et le peuple.

La monarchie constitutionnelle était donc condamnée. Elle ne dura pas un an. Inexistants en 1789, les partisans de la République étaient maintenant nombreux groupés dans des clubs à travers toute la France, celui des jacobins, radical, et celui des cordeliers modéré.

Fait aggravant, tout le monde voulait la guerre : les rois, parce qu'ils n'acceptaient pas de laisser s'installer au centre de l'Europe un foyer de troubles ; les Républicains car, pensaient-ils, la guerre leur permettrait de s'affranchir de la monarchie (raisonnement qui s'avéra juste) ; Louis XVI, parce qu'il croyait que l'intervention des armées étrangères le rétablirait dans la plénitude de ses prérogatives.

Fait étrange, à l'origine les lumières étaient pacifistes, tous les philosophes tenaient la guerre pour une manière dépassée de régler les conflits. Cependant, cas fréquent dans l'histoire, le pacifisme se transforma en bellicisme.

Vingt-trois ans de guerre surgissent de l'explosion révolutionnaire. Le 20 avril 1792, les députés français, Louis XVI et les rois de l'Europe se jetèrent dans le combat, certains que le conflit réglerait tout. Par ailleurs, les hommes de la Révolution rêvaient d'exporter les « immortels principes de 1789 ». Cette déflagration militaire emporta la monarchie française. Le 10 août 1792, l'émeute populaire envahit les Tuileries, massacrant la garde suisse. Le roi et sa famille se réfugièrent à l'Assemblée législative.

La monarchie fut abolie et la famille royale, enfermée au temple. La Législative se dispersa. À la suite de l'élection, au suffrage élargi, mais en pleine guerre civile d'une nouvelle assemblée ; la « Convention », la République « une et indivisible » fut proclamée le 22 septembre 1792. Deux jours avant, les Prussiens s'étaient retirés devant les Français de Kellerman à Valmy. Belgique et rive gauche du Rhin furent transformées en départements (Sambre et Meuse, Rhin et Moselle, etc.).

Le 21 janvier 1793, le roi Louis XVI fut guillotiné place de la Concorde. Il montra en cette circonstance une grande dignité morale. Le peuple français avait « tué le père », selon l'avis de Saint-Just : « On ne règne pas innocemment. » Remarquons que la guillotine, invention du bon docteur Guillotin, était appréciée comme un progrès « humanitaire » : l'exécution devenait propre et nette. Contrairement à la décapitation à la hache, les gens ne souffraient pas sous la lame, assommés par son choc.

Mais les rois réagirent vivement à ce crime de lèse-majesté. Les armées de six pays envahirent la France par le nord, l'est et le sud. Valmy était oublié. La nouvelle République ne semblait pas pouvoir résister à cette invasion convergente pour la bonne raison qu'au début de 1793, il n'y avait plus d'armée française. Dès la prise de la Bastille, les nobles avaient commencé à quitter la France, frères de roi, princes, nobles de province, effrayés par l'abolition des privilèges, en fin de compte cent mille hommes étaient partis. Or, cette émigration privait l'armée de son encadrement en un temps où seuls les nobles étaient officiers.

La République trouva la parade en inventant la conscription (à laquelle, déjà, Machiavel était favorable). Évidemment, celle-ci suppose, pour être acceptée, une forte motivation. On la trouva dans le patriotisme, sensible dans les couplets du « Chant de guerre de l'armée du Rhin » composée par Rouget de Lisle à Strasbourg mais chanté – d'où son nom de *Marseillaise* – par les conscrits du Midi qui remontaient à pieds vers Paris pour s'opposer à ceux qui venaient « jusque dans leurs bras égorger leurs fils et leurs compagnes ».

La conscription permit de lever un million de soldats auxquels les sous-officiers et des nobles ralliés, comme Bonaparte, servirent d'encadrement. Elle suscita aussi des révoltes dans l'Ouest, en Vendée, où les paysans ne voulaient pas quitter leurs clochers.

Cependant, de la mort du roi en janvier jusqu'en octobre 1793, la France subit des revers continus. La Convention avait fait afficher dans toutes les communes cette virile proclamation :

« Dès ce moment jusqu'à celui où les ennemis auront été chassés du territoire de la République, tous les Français sont en réquisition permanente pour le service des armées. Les jeunes gens iront au combat, les hommes mariés forgeront les armes et transporteront les subsistances ; les femmes feront des tentes, des habits, et serviront dans les hôpitaux ; les enfants mettront le vieux linge en charpie. »

Cette fin rappelle la République romaine : « Les vieillards se feront porter sur les places publiques pour exciter le courage des guerriers, prêcher la haine des rois et l'unité de la République. »

Les neuf premiers mois de 1793, la situation semblait désespérée. La Convention érigea en son sein, le 6 avril, un « comité de salut public », véritable gouvernement dictatorial, auxquels appartenaient Danton, Robespierre, Carnot et Saint-Just. Danton lança de la tribune son fameux : « De l'audace, encore de l'audace, toujours de l'audace. » Le comité s'appuyait sur la Commune de Paris. À l'Assemblée, il était soutenu par les plus radicaux des républicains, surnommés « la Montagne » parce qu'ils siégeaient sur les gradins du haut. Pour se faire obéir, le Comité décréta la « Terreur ». Des républicains modérés, les « Girondins », furent exécutés. La guillotine ne chômait pas, à Paris comme dans les villes de province. En juin, le Comité passa sous l'autorité de Robespierre. Les têtes tombaient dans les paniers des guillotines. À la fin de 1793 cependant, grâce à l'énergie farouche des républicains radicaux, le Comité avait repris la main partout, aidé dans les provinces par ses envoyés, les « Représentants en mission ».

Le 23 décembre, le général Westerman pouvait écrire au gouvernement dictatorial d'une plume implacable : « Il n'y a plus de Vendée, elle est morte sous notre sabre libre, avec ses femmes et ses enfants. Je viens de l'enterrer dans les marais de Savenay, selon les ordres que vous m'avez donnés. J'ai écrasé les enfants sous les pieds de mes chevaux, massacré les femmes qui, au moins pour celles-là, n'enfanteront plus de brigands. Je n'ai pas un seul prisonnier à me reprocher. » La Révolution eut donc une face terrible. Une chanson populaire, la *Carmagnole*, exprime son âme fraternelle et violente : « Que veut un vrai républicain ? Il veut du fer, du plomb, du pain. Du fer pour travailler, du plomb pour se venger, et du pain pour ses frères. Vive le son du canon. Les aristocrates à la lanterne [c'est-à-dire : « Pendons les aristocrates »] ». Cette tourmente connut des épisodes honteux, comme l'exécution de Marie-Antoinette, les noyades de suspects dans la Loire, l'enfermement du jeune Dauphin (Louis XVII) qu'on laissera mourir de faim dans ses excréments, des luttes intestines. Danton lui-même sera guillotiné. Il prononça sur l'échafaud, s'adressant au bourreau, ces mots extraordinaires : « Tu montreras ma tête au peuple, elle en vaut la peine ! »

La Révolution fut aussi un moment d'épopée, d'héroïsme, de victoire. Le 16 octobre 1793 à Wattignies, on vit le général Jourdan et le ministre Carnot mener écharpe tricolore à la main et côte à côte les charges des conscrits qui firent reculer les Autrichiens. « Le peuple souverain s'avance, dit le chant du départ, Tyrans, descendez au cercueil ! »

Après l'exécution de Danton, il ne restait plus personne pour contrebalancer l'influence de Robespierre qui exerçait une autocratie de fait. Cependant, ce dictateur-là logeait chez une famille d'artisans et se déplaçait dans les rues à pied sans gardes. Il était très populaire, pauvre, honnête (d'où le surnom d'« incorruptible ») et implacable (en juin et en juillet 1793, il y eut à Paris 1 376 têtes coupées). Il incarnait la Révolution car la Révolution ne voulait pas seulement changer de régime, elle voulait changer le monde. Elle n'était d'ailleurs nullement démocratique mais autoritaire. Elle s'inventa un temps à elle, à l'instar des grandes religions. Sa chronologie commençait avec l'instauration de la République. Le calendrier républicain fonctionna plus de dix ans (« Ô soldats de l'an deux ! ») avec ses noms poétiques : « nivôse » évoque la neige, « vendémiaire » les vendanges, « brumaire » le brouillard, « thermidor » la chaleur. Elle voulut remplacer le christianisme par le culte de l'« être suprême », cher à Robespierre, dont on célébra la fête le 8 juin 1794. Elle fut iconoclaste, brisant les statues des cathédrales.

Sa passion dominante fut celle de l'égalité, la liberté n'étant envisagée que collective, celle de la nation. L'égalité des chances, la possibilité donnée à tous de devenir officier, propriétaire ou dirigeant.

Malgré les têtes coupées, la Révolution fut paradoxalement une extraordinaire pépinière de talents. Ainsi Napoléon Bonaparte est né le 15 août 1769 à Ajaccio en Corse, un an après que la cité de Gènes eut vendu l'île à la France. D'abord nationaliste corse – « Je naquis quand la patrie [la Corse] périssait », écrit-il à Paoli –, élevé dans une pension militaire de la monarchie, en Champagne, parce que sa famille, quoique noble, était pauvre. Bientôt orphelin, il trouva sa chance dans la Révolution qu'il rallia dès qu'il fut officier. Capitaine en 1793, protégé par Robespierre le jeune (frère de l'« incorruptible »), il contribua, par un emploi judicieux de l'artillerie, à reprendre Toulon aux Anglais et fut promu général.

La passion dominante de la Révolutionfut l'égalité, la liberté n'étant envisagée que collective, celle de la nation.

Ironie du sort, Bonaparte, nommé sous-lieutenant par un décret signé de Louis XVI, fut élevé au rang de général par un décret de Robespierre, à vingt-quatre ans. Mais il y eut beaucoup d'autres promotions civiles et militaires. Par la Révolution, une classe sociale nouvelle et jeune accédait au pouvoir.

Cette classe était attachée à la Révolution par ses idées et tout autant compromise avec elle par l'acquisition à bas prix des immenses propriétés confisquées au clergé : les « biens nationaux ».

Cependant, la terreur ne se justifiait plus : les révoltes intérieures, Vendée, Lyon, Provence avaient été écrasées ; les opposants ou « suspects » guillotinés et les armées des monarchies battues. Jourdan écrasa les Autrichiens à Fleurus le 25 juin 1794 et les départements de Belgique et du Rhin furent reconquis.

Un mois et demi après cette victoire décisive, le 28 juillet 1794 (dix thermidor), Robespierre, malgré l'appui de la Commune de Paris, fut arrêté et guillotiné, ses partisans furent emprisonnés (le jeune général Bonaparte lui-même passa quelques jours en prison).

La Convention répudiant alors la constitution mort-née de 1793 se hâta d'imaginer un régime nouveau destiné à lui succéder ; l'ayant fait, elle se déclara dissoute le 26 octobre 1794. La Convention, cette immense et terrible assemblée, sut gagner les guerres mais elle se suicida. Le balancier allant dans l'autre sens, elle avait accouché d'un régime faible composé de deux assemblées, le Conseil des Cinq-Cents et celui des Anciens, et d'un gouvernement évanescent de cinq directeurs, d'où son nom de « Directoire ».

Cependant, la tempête révolutionnaire continuait. La République restait agitée de remous intérieurs : crises économiques, financières, sociales. Secouée jusqu'en ses fondements, la société française n'arrivait pas à retrouver son équilibre. Toutefois, à l'extérieur, les armées républicaines se révélaient imbattables. Partout les conscrits bousculaient les mercenaires des rois. La République avait besoin pour les encadrer de militaires compétents. Précisément le jeune général Bonaparte, vite libéré, errait sans emploi à Paris. Le député Barras le remarqua et lui confia la répression de l'émeute royaliste dite « de vendémiaire ». Bonaparte s'étant assuré de l'artillerie avec l'aide de Murat, il canonna les insurgés sur les marches de l'église Saint-Roch le 5 octobre 1795. Nommé directeur, Barras, qui voulait rompre avec sa maîtresse, poussa cette dernière dans les bras du jeune général et lui confia en même temps le commandement de l'armée d'Italie.

La prodigieuse carrière du robespierriste vite repenti commença. Joséphine de Beauharnais – nom de son mari guillotiné sous la Terreur, de son nom créole Tascher de la Pagerie – était une veuve plus âgée que Bonaparte mais séduisante, mère de deux enfants. Napoléon qui n'avait connu que des amours platoniques (avec Désirée Clary) ou vulgaires (avec les filles du Palais-Royal) fut amoureux fou et l'épousa le 9 mars 1796. Comme il était nommé à l'armée d'Italie depuis le 2 mars précédent, il se hâta, à peine marié, de rejoindre son poste.

L'armée dite « d'Italie » (en fait, elle stationnait au-dessus de Nice) était la moins brillante d'une République dont les forces principales étaient concentrées sur le Rhin. Le Directoire considérait en effet ce secteur comme secondaire. Les Autrichiens occupaient certes la plaine du Pô mais ils n'en bougeaient pas. Bonaparte transforma ce secteur secondaire en secteur principal. À ses trente mille hommes (dix fois moins que l'armée du Rhin) mal équipés, il tint le langage qu'ils pouvaient entendre :

Le 15 mai 1796, en entrant dans Milan, Bonaparte, à la tête de sa jeune armée, allait montrer au monde qu'après tant de siècles, Alexandre et César avaient un successeur.

« Soldats, vous êtes nus, mal habillés, mal nourris, le gouvernement ne peut pas vous payer. Au lieu de vous lamenter, regardez de l'autre côté des montagnes, les plaines les plus riches du monde vous y attendent. Venez avec moi. Soldats de la République, manqueriez-vous de courage ? » L'armée avait trouvé le chef qui lui manquait. Les généraux subalternes comme Augereau et Masséna, vétérans des premières batailles de la Révolution, méfiants *a priori* devant ce général qui leur arrivait des salons parisiens, furent subjugués : « Ce bougre m'a presque fait peur », déclara Augereau.

Ce chef se montra un formidable stratège : « Une armée, disait-il, c'est sa masse multipliée par sa vitesse. » Il fonça donc, forçant les cols des Alpes maritimes, contraignant les Piémontais à l'armistice et écrasant les Autrichiens par quelques victoires éclatantes. L'ennemi le croyait devant, il était déjà sur ses arrières. Dans *La Chartreuse de Parme*, Stendhal rend avec acuité l'impression produite alors : « Le 15 mai 1796, en entrant dans Milan, Bonaparte, à la tête de sa jeune armée, allait montrer au monde qu'après tant de siècles Alexandre et César avaient un successeur. »

Une lettre que Napoléon envoya à son ministre Carnot (l'organisateur des armées de la Révolution était en effet membre du Directoire) en dit davantage sur lui que beaucoup de commentaires.

Elle est datée du 9 mai 1796, au quartier général de Plaisance :

« Nous avons enfin passé le Pô… Beaulieu (le général autrichien âgé de quarante ans de plus que Bonaparte) est déconcerté. Il calcule mal et donne constamment dans les pièges qu'on lui tend ; encore une victoire et nous sommes maîtres de l'Italie. Dès l'instant que nous arrêterons nos mouvements, nous ferons habiller l'armée à neuf. Elle est toujours à faire peur, mais elle engraisse. Le soldat mange du pain et de la viande en quantité. La discipline se rétablit tous les jours… Ce que nous avons pris à l'ennemi est incalculable. Plus vous m'enverrez d'hommes, plus je les nourrirai facilement. Je vous fais passer vingt tableaux du Corrège et de Michel-Ange. Je vous remercie des attentions que vous avez pour ma femme… je l'aime à la folie. Je puis vous envoyer une douzaine de millions. Cela ne vous fera pas de mal pour l'armée de Rhin. Envoyez-moi quatre mille cavaliers sans les chevaux, je les remonterai ici. Je ne vous cache pas que…

je n'ai plus un général de cavalerie qui se batte. Envoyez-m'en deux ou trois qui aient du feu et la ferme résolution de ne jamais faire de savantes retraites. »

Tout est dit. Napoléon s'adresse à son supérieur avec autorité. Il est amoureux. Il est cultivé, d'où l'envoi des tableaux. Il restaure la discipline. Il expédie de l'argent – chose inouïe qu'un général envoie de l'argent au lieu d'en réclamer –, il a du « feu » et se moque des « savantes retraites » pratiquées par les militaires de l'ancien temps. En Italie du Nord, il pratiqua la « guerre éclair ». « Il fait la guerre avec nos pieds », disaient les soldats (de fait, la fourniture de souliers aux soldats restera pour lui jusqu'à Waterloo une constante prescription).

Artiste en « com » (communication), il fit « mousser » ses victoires. Bonaparte évita de s'engager dans l'impasse de la péninsule. Il franchit les Alpes au-dessus de Venise et s'en vint bivouaquer à cent kilomètres de Vienne. L'empereur autrichien prit peur. Sans consulter le Directoire, Napoléon lui imposa en 1797 la paix de Campo-Formio. La campagne d'Italie était terminée. Le vainqueur rentra à Paris et fit semblant d'être modeste, jouant au Cincinnatus.

Le 23 juillet 1798, Napoléon entra au Caire, accompagné de dizaines de savants qui redécouvrirent, éblouis, les monuments pharaoniques.

Heureux du succès mais effrayé par le vainqueur, le Directoire décida d'éloigner le perturbateur en l'envoyant avec son armée occuper l'Égypte, position stratégique sur la route des Indes anglaises.

Bonaparte n'ignorait pas les arrière-pensées du gouvernement, mais il sentait aussi que les temps n'étaient pas mûrs pour lui. Il était fasciné par l'Orient. Il accepta et dirigea de mai 1798 à octobre 1799 l'expédition d'Égypte. Évitant l'escadre anglaise de Nelson, la flotte transportant l'armée, prenant Malte au passage, débarqua le corps expéditionnaire près d'Alexandrie. Napoléon prit la route du désert en direction du Caire.

Au pied des pyramides, la cavalerie Mamelouk l'attendait. Les Mamelouks gouvernaient l'Égypte sous l'autorité virtuelle des Turcs. Excellent cavalier, chaque Mamelouk combattait avec héroïsme, sans se soucier des autres, un peu comme les chevaliers français à Azincourt.

La bataille des pyramides du 21 juillet 1798 rappelle à s'y méprendre Crécy, Poitiers ou Azincourt. Groupés en carrés, disciplinés, comme les archers anglais du Moyen Âge, les fantassins de l'armée républicaine massacrèrent les cavaliers d'Allah. Le 23 juillet, Bonaparte entrait au Caire.

Napoléon jouait au nouvel Alexandre. « Diderot à cheval » : il s'était fait recevoir, après l'Italie, à l'Institut de France, sachant qu'un titre académique impressionne davantage les Français qu'un titre militaire. Il s'était fait accompagner de dizaines de savants qui redécouvrirent, éblouis, les monuments pharaoniques. Le général Desaix, le préféré de Bonaparte, remonta le Nil jusqu'à Assouan (et l'on peut voir aujourd'hui sur les colonnes de Carnac ou de Philaé des graffitis comme « Caporal Durant 3e demi-brigade ».

Les rois, de mauvais gré, étaient obligés de tenir compte du fait révolutionnaire et d'accepter les nouvelles frontières de la France.

Cependant, Nelson avait coulé la flotte française à Aboukir et une armée ottomane attaquait depuis la Syrie. Bonaparte se porta à sa rencontre, envahit la Palestine mais échoua à s'emparer de la forteresse de Saint-Jean d'Acre.

Retourné au Caire, Bonaparte apprit que la situation en France avait empiré : l'anarchie intérieure s'installait et l'Autriche chassait les Français d'Italie. Laissant à Kléber ses soldats, il se jeta dans une frégate et regagna sans être intercepté – chance inouïe – la Provence puis Paris. (Kléber sera assassiné par un intégriste musulman et l'armée rapatriée par les Anglais au moment de la paix d'Amiens.)

À Paris, le pouvoir était à terre. Bonaparte le ramassa, le 18 brumaire (9 et 10 novembre 1799). Ce coup d'État résultait d'un malentendu : les révolutionnaires cherchaient une épée républicaine, ils ne s'attendaient pas à trouver un maître.

Au faible Directoire succéda le puissant Consulat. À trente ans, Bonaparte devenait Premier consul, c'est-à-dire chef de l'État.

Avant de s'attaquer à la reconstruction de la société française, il lui restait à vaincre les Autrichiens, ce qu'il fit à Marengo dans un combat longtemps incertain où mourut le jeune général Desaix.

En mars 1802, l'Angleterre elle-même concluait la paix à Amiens. Les rois, de mauvais gré, étaient obligés de tenir compte du fait révolutionnaire et d'accepter les nouvelles frontières de la France.

Si les armes s'étaient tues, le puissant torrent révolutionnaire continuait d'agiter la France. Le Premier consul entreprit de la canaliser.

Il voulait garder les acquis de la Révolution, en particulier l'égalité des droits, le partage des biens d'Église, la promotion au mérite. Il voulait aussi réconcilier, calmer les haines (appelant pour ce faire à ses côtés des hommes de tous les partis, du régicide au monarchiste). Il entreprit enfin de redonner des cadres solides à une société désaxée depuis dix ans. Il y parvint et osa dire : « La révolution s'est arrêtée aux limites que je lui ai fixées. »

Ce fut là que Bonaparte se montra le plus grand. Pour l'historien, le Premier consul, reconstructeur et pacificateur, surpasse le général génial. Il fallait en effet un homme hors du commun pour contenir et maîtriser le « tsunami » révolutionnaire, en garder la force tout en le ramenant au « despotisme éclairé » de ses origines, despotisme éclairé dont Bonaparte, disciple de Voltaire, se voulait l'incarnation.

Si l'on sous-estime la puissance formidable de la tempête de 1793, on ne peut pas comprendre le rôle historique de Napoléon qui, selon ses propres paroles, l'a arrêtée aux limites qu'il lui avait fixées !

En juillet 1801, en signant un concordat avec le pape, Bonaparte rétablit la paix religieuse et le culte catholique. Il était lui-même assez peu croyant mais connaissait l'importance du fait religieux : « Je suis musulman au Caire, juif à Jérusalem, catholique en France », disait-il.

Il inventa de toute pièce un État postrévolutionnaire et ses institutions sont toujours vivantes aujourd'hui : le Conseil d'État où il se rendait souvent, les préfets, les lycées, l'administration moderne et le franc germinal (qui restera une monnaie stable pendant plus de cent ans).

Mais le plus important est d'avoir fait graver dans le marbre de son Code civil les acquis de la Révolution : égalité en droit, propriété, etc. Dans l'armée, l'administration, au gouvernement, il voulut ignorer le passé des hommes qu'il appelait et fit l'amalgame entre nobles ralliés et hommes nouveaux. Beaucoup d'émigrés se décidèrent à rentrer en France. Au consulat succéda l'Empire en mai 1804. Idée inspirée de l'Antique, l'Empire romain ayant succédé à la République. Mais, première erreur, Napoléon voulut se faire sacrer comme les anciens rois, au grand scandale de l'armée restée très « montagnarde ». Il fit venir à Paris le pape lui-même. Le sacre, immortalisé par le tableau du peintre David, eut lieu à Notre-Dame le 2 décembre 1804. Exagération presque enfantine de parvenu, que révèlentces mots lancés à son frère Joseph dans la sacristie : « *Giuseppe*, si Papa nous voyait ! ». On connaît son antienne : « Pourvu que ça dure ! ». Issu de la Révolution méritocratique, l'Empire ne pouvait être héréditaire, le principe d'hérédité étant absolument contraire à celui d'égalité.

Sur ce point, Bonaparte se trompa, même quand, après son divorce d'avec Joséphine, il eut de sa nouvelle femme un héritier légitime ; la vraie monarchie lui échappa parce qu'il incarnait la Révolution.

D'ailleurs, il ne faut pas s'y tromper : en dépit du sacre, Bonaparte était toujours considéré par les rois d'Europe comme une espèce de chef de l'Armée rouge : neuf mois avant le sacre n'avait-il pas fait enlever et assassiner un prince Bourbon, le duc d'Enghien !

L'Angleterre avait rompu la paix d'Amiens. En 1805, elle réussit à regrouper les monarchies continentales dans une nouvelle coalition. La guerre reprenait. Au camp de Boulogne, l'empereur avait réuni sa « Grande Armée républicaine » pour envahir le Royaume-Uni. Il ne le put pas : sa flotte avait été anéantie au large de Cadix à Trafalgar. L'amiral anglais Nelson fut tué, mais la France n'avait plus de marine. Napoléon – on peut l'appeler ainsi maintenant – devint alors ce « Dieu de la guerre en personne » dont parle Clausewitz. De Boulogne, l'empereur se retourna, à marche forcée, vers les Autrichiens, les Russes et les Prussiens qu'il foudroya : 1806 et 1807 sont les années phares de l'art militaire napoléonien.

« Une révolution, c'est une idée qui a trouvé des baïonnettes. »

Peu de temps après avoir quitté la Manche, Napoléon encerclait en Bavière l'armée autrichienne dans la ville d'Ulm où elle capitula. Puis il entra dans Vienne. Une autre armée autrichienne et l'armée russe s'étaient rejointes en Moravie. Napoléon réussit à faire croire à l'empereur François II et au tsar Alexandre qu'il avait peur d'eux. Il simula une fuite, leur abandonnant les hauteurs de Pratzen. Les monarques tombèrent dans le piège :

« Ces armées sont à moi », dit Napoléon. Les conscrits surgirent sur les hauteurs de Pratzen et écrasèrent les mercenaires. Livrée le 2 décembre 1805, un an après le sacre, la bataille d'Austerlitz est digne des victoires d'Hannibal. La Prusse entrée en guerre à contretemps, enflammée par sa reine, fut anéantie dix mois plus tard en octobre 1806 à Iéna et à Auerstedt.

Le 27 octobre, la « Grande Armée » faisait son entrée à Berlin, passant sous la porte de Brandebourg. La garde arborait sa grande tenue mais, dans les autres régiments, les soldats français marchaient au pas de route, poussiéreux, des poulets piqués sur leurs baïonnettes, devant les Berlinois stupéfaits.

Le philosophe Hegel qui vit Napoléon passer crut alors reconnaître l'« esprit du monde concentré sur un cheval ». C'est que les populations envahies étaient loin d'être hostiles au conquérant porteur des « droits de l'homme ». La preuve : les soldats, après l'étape, logeaient paisiblement chez l'habitant, courtisant l'hôtesse de toute leur galanterie française… Jamais la phrase de Bonaparte « une révolution, c'est une idée qui a trouvé des baïonnettes » ne fut plus vraie.

Restait la Russie. Accueillis en libérateurs à Varsovie – ville dans laquelle l'empereur, à l'occasion d'un bal, tomba follement amoureux d'une belle aristocrate de dix-huit ans, Marie Walewska –, les Français eurent davantage de mal avec les Russes. En février 1807, sous la neige à Eylau se déroula un match nul sanglant. Le printemps venu, le conquérant se rattrapa en écrasant l'armée du tsar à Friedland. Ce dernier demanda la paix. Napoléon et Alexandre se rencontrèrent pour la faire sur un radeau, ancré au milieu du Niémen. La monarchie et la Révolution s'étreignirent. Cette paix de Tilsit en juillet 1807 marque l'apogée de Napoléon. Depuis onze ans (il avait pris le commandement de l'armée d'Italie en 1796), le conquérant avait fait un parcours sans faute (à part une faute de goût, celle du sacre). Grâce à lui, les guerres de la Révolution se terminaient par la victoire.

S'il en était resté là, un napoléonide (constitutionnel) régnerait à Paris et la France s'étendrait encore jusqu'à Anvers et à Cologne. Il était invincible.

À ce moment précis, l'empereur de la Révolution perdit la tête.

Rien ne l'obligeait à intervenir en Espagne. Mais il voulut en chasser les Bourbons et asseoir sur le trône de Madrid son frère Joseph. Tragique erreur de jugement : le peuple espagnol ne ressemblait nullement aux peuples d'Italie et d'Europe centrale, gagnés par les lumières. Pascal l'avait déclaré : « Vérité en-deçà des Pyrénées, erreur au-delà. » Il considéra les Français comme des envahisseurs insupportables. Joseph put s'installer sur le trône de Madrid mais les guérillas surgirent dans toute l'Espagne. Il n'était plus question pour le soldat de coucher chez l'habitant, il s'y serait fait égorger ! L'armée anglaise débarqua sur la péninsule. Napoléon paya de sa personne, gagna les batailles mais ne put pas juguler les guérillas. La Grande Armée se trouva bloquée en Espagne dans un combat douteux.

L'empereur autrichien, regrettant de s'être abaissé, se dit que Madrid était fort éloigné de Vienne. Il voulut sa revanche. Mal lui en prit. Laissant sur place la Grande Armée, Napoléon accompagné d'une troupe d'appelés, fonça sur Vienne comme l'éclair. « Avec mon chapeau, mon épée et mes petits conscrits », disait-il, ajustant à l'usage de ses généraux cette consigne qui le dépeint tout entier : « Activité, activité, vitesse ». Battu à Wagram en juillet 1809, le monarque allemand dut donner en mariage à l'« ogre » sa fille Marie-Louise. Un Habsbourg poussant sa fille dans le lit d'un révolutionnaire ! Marie-Louise enfantera le seul fils légitime de Napoléon (enfant qui mourra en exil, jeune prince autrichien). La paix revint.

Napoléon aurait pu, pour la dernière fois, en rester là. Mais ne sachant réduire l'Angleterre par le « blocus continental » qu'il lui imposait, il rompit la paix avec le tsar et, en 1812, il attaqua la Russie. Le peuple russe, peu touché par les lumières, se dressa contre l'invasion. Certes, le 14 septembre 1812, Napoléon coucha au Kremlin. Le tsar Alexandre fit incendier la ville. La Grande Armée à peine sortie de la canicule espagnole connut l'hiver russe de la retraite ; impossible d'envahir un aussi grand pays : l'espace et la neige disloquèrent à jamais la Grande Armée. Napoléon regagna Paris en traîneau.

Une nouvelle conscription (les conscrits de 1813 ou les Marie-Louise) lui permit de mener campagne en Allemagne. Mais le sentiment national dans ce pays avait pris le pas sur les lumières. Fichte venait d'écrire son *Discours à la nation allemande*. Vainqueur mais trahi par les princes allemands, Napoléon dut repasser le Rhin.

Alors les rois, en 1814, osèrent, pour la première fois depuis vingt ans, envahir à nouveau la France. Napoléon mena contre eux sa campagne la plus brillante mais le peuple était las et les maréchaux étaient repus. À Fontainebleau, ces derniers lui demandèrent d'abdiquer. Ce qu'il fit. Les coalisés lui ayant concédé l'île d'Elbe, il s'y réfugia. Louis XVIII, frère de Louis XVI, put faire son entrée à Paris.

L'aventure révolutionnaire semblait achevée.

Elle ne l'était pas. Les royalistes revenus se montrèrent si méprisants (« n'ayant rien appris ni rien oublié », souligne Chateaubriand) que la population française revint à la République.

Depuis l'île d'Elbe, Bonaparte observait. Le 1er mars 1815, il débarqua en Provence avec quelques grognards. Louis XVIII envoya un régiment pour l'arrêter devant Grenoble. Mais il s'agissait d'un régiment de la Grande Armée qui refusa de tirer sur son ancien chef. Le reste du chemin ne fut qu'une formalité. Ney se rallia, le roi s'enfuit et l'empereur, porté aux

Tuileries par l'allégresse, rétablit la république impériale pour cent jours.

Les monarchies ne pouvaient pas accepter cela. Le 18 juin 1815, Napoléon perdit sa première bataille : Waterloo. Napoléon eut la noblesse de demander asile à une frégate anglaise. Mais les Anglais eurent la bassesse de l'envoyer pourrir à Sainte-Hélène, où il mourut, probablement d'un cancer en 1821. Louis XVIII se réinstalla sur le trône à Paris.

Il est ridicule de comparer Napoléon à Hitler : Napoléon était un homme des lumières et de la Révolution. Ses ennemis, Chateaubriand, madame de Staël (fille de Necker) l'admiraient.

Dieu de la guerre (Hegel), génie de l'État (Code civil), il fut aussi un grand communicant qui imposa son « logo » : au milieu des maréchaux chamarrés, un petit homme en redingote grise et un chapeau. Wellington – le vainqueur de Waterloo disait justement : « Ce chapeau vaut cent mille hommes. » La France n'en veut pas à Napoléon dont les cendres reposent sous le dôme des Invalides – imagine-t-on celles d'Hitler sous la porte de Brandebourg ? Grâce à lui, beaucoup de principes révolutionnaires ont survécu : égalité, promotion au mérite, propriété, État-Nation.

Il est ridicule de comparer Napoléon à Hitler : Napoléon était un homme des lumières et de la Révolution

À Waterloo se clôt la grande explosion et l'immense épopée ambiguë, sanglante et libératrice de la Révolution. Le mérite essentiel de l'empereur aura été finalement d'en maîtriser le souffle, d'en tirer le meilleur, en ramenant la France, à un prix élevé mais épique, dans le concert des nations. Après lui, rien ne sera plus pareil.

CHAPITRE VIII

UN SIÈCLE MODERNE

DE 1815 À 1919

Le XIXe siècle français est long. Il commence après Waterloo, en juin 1815, et se termine le 28 juin 1919 dans la galerie des glaces de Versailles ; il court donc du traité de Vienne au traité de Versailles. La durée séculaire correspond à un rythme naturel à l'humanité (trois ou quatre générations), mais le début et la fin des siècles coïncident rarement avec les millésimes officiels.

Le XIXe siècle français s'ouvre par une défaite et se clôt par une victoire. C'est un siècle d'intenses transformations.

La Révolution avait été une « révolution culturelle ». Le XIXe siècle connut deux révolutions industrielles et l'avènement d'un monde que l'on peut dire « moderne ». Cependant, comme un tremblement de terre qui connaît des « répliques » de moindre intensité, la grande Révolution eut des répliques en 1830, 1848 et 1871.

La France n'était plus la première puissance du monde, mais figurait encore parmi les cinq ou six qui comptaient à l'époque : Royaume-Uni, Russie, Autriche, Allemagne, États-Unis, France. Remarquons qu'après une crise où le pays faillit disparaître (1940), c'est toujours le cas aujourd'hui, quoique les partenaires aient changé : États-Unis, Chine, Japon, Allemagne, France, Royaume-Uni.

À Vienne, d'octobre 1814 à juin 1815, les rois organisèrent

un nouvel équilibre européen dirigé contre la France et ses velléités révolutionnaires. Ils songeaient même à dépecer le pays. Fort heureusement, Talleyrand y représentait Louis XVIII, le même que nous avons vu célébrer la messe lors de la fête de la Fédération. Ministre des Affaires étrangères de Napoléon, il avait trahi à temps pour devenir celui de Louis XVIII. « Il était noble comme Machiavel, prêtre comme Gondi, défroqué comme Fouché, spirituel comme Voltaire et boiteux comme le diable », écrivit de lui Victor Hugo dans *Choses vues*. Au congrès, Talleyrand sut dresser les vainqueurs les uns contre les autres, si bien que la France retrouva, à peu de chose près, les limites qu'elle avait sous Louis XVI (perdant les conquêtes de la Révolution : rive gauche du Rhin et Belgique). Le siècle commençait avec la Sainte-Alliance des rois, l'Angleterre dominant la mer.

À Vienne, les rois organisèrent un nouvel équilibre européen dirigé contre la France et ses velléités révolutionnaires.

Instruit par l'expérience malheureuse des « cent jours », Louis XVIII, lors de son second retour, imposa des concessions aux ultra royalistes. Il renonça à mettre en cause la vente des biens nationaux qui avait doté la France d'une classe moyenne. Il sut conserver l'organisation napoléonienne de l'État : Conseil d'État, Cour des comptes, départements, préfectures, code civil. Il introduisit, pour la première fois, une dose de démocratie parlementaire par la charte selon laquelle la Chambre des pairs et la Chambre des députés partageaient avec le roi le pouvoir législatif que Napoléon avait confisqué. Notons que la Chambre des députés siégeait dans l'ancien hôtel d'un prince de sang, le Palais-Bourbon où elle demeure aujourd'hui ; la Chambre des pairs, quant à elle, siégeait au palais du Luxembourg, où le Sénat se maintient de nos jours.

Il est vrai que les élections avaient lieu au scrutin censitaire, seuls les notables ayant la possibilité de voter. L'armée redevenait une armée de métier. Decazes fut Premier ministre.

L'espoir de voir continuer la dynastie des Bourbons était tout entier dans le duc de Berry, fils du comte d'Artois. Il fut assassiné le 13 février 1820 à l'opéra par un républicain nostalgique. Cependant, Louis XVIII se maintint sur le trône jusqu'à sa mort le 16 septembre 1824.

Le comte d'Artois lui succéda sous le nom de Charles X (rappelons que Louis XVI, Louis XVIII et Charles X étaient frères, Louis XVIII étant certainement le plus intelligent des trois !). Chateaubriand, devenu ministre des Affaires étrangères de Louis XVIII, réussit à réconcilier la France avec les rois, rétablissant l'ordre en Espagne, menacée de subversion en 1822. Charles X, dernier survivant des Bourbons directs, était beau, bon cavalier mais fort bête ; il n'eut pas la sagesse de son frère et donna le pouvoir aux ultra royalistes.

À l'extérieur, on vit aussi, pendant la Restauration, des répliques de la Révolution : les colons espagnols d'Amérique se révoltèrent contre l'Espagne. En 1824, les troupes espagnoles furent anéanties à Ayacucho. Bolivar, le Washington latino, ne réussit pas à maintenir l'unité de la révolte qui éclata en multiples États. Par ailleurs, les populations Amérindiennes se sentaient peu concernées. L'Espagne conserva Cuba et Porto Rico jusqu'à sa guerre avec les États-Unis en 1898. Le Brésil se sépara pacifiquement du Portugal.

En Europe, les Grecs s'étaient insurgés contre les Turcs en 1821. Les écrivains en France (Victor Hugo célébrait « l'enfant grec aux yeux bleus ») et en Europe prirent fait et cause pour eux. Le poète anglais lord Byron se fit tuer à leurs côtés à Missolonghi en 1824.

Les gouvernements de la Sainte-Alliance étaient en principe opposés aux révoltes, mais l'opinion publique leur força la main. Les flottes anglaises et françaises écrasèrent la marine de l'Empire ottoman le 20 octobre 1827 à Navarin. La Grèce – en fait un petit morceau du pays – obtint son indépendance au début de 1830. Ce droit des peuples à disposer d'eux-mêmes ne plaisait guère à Metternich. Il imposa au nouvel État un prince allemand comme roi. Si le secours à la Grèce fut une guerre de libération, l'intervention de la France en Algérie fut tout le contraire. La Régence d'Alger, vaste étendue de rivages indéterminés entre la régence de Tunis et le sultanat du Maroc, était virtuellement sous l'autorité de l'Empire turc. En fait, Alger, ville de corsaires, pratiquait la course et la piraterie.

Si le secours à la Grèce fut une guerre de libération, l'intervention de la France en Algérie fut tout le contraire

Charles X décida que cela ne pouvait plus durer et déclara la guerre au dey d'Alger le 31 janvier 1830. Une flotte de cent navires de guerre et de cinq cents cargos amena de Toulon à Sidi-Ferruch, à l'ouest d'Alger, l'armée royale de trente mille soldats de métier commandée par le ministre Bourmont.

Le 5 juillet 1830, les Français s'emparaient d'Alger, mettant définitivement fin à la piraterie en Méditerranée occidentale. Ce succès extérieur gonfla la tête de Charles X et le détermina à se montrer intransigeant à l'intérieur. En signant des ordonnances répressives, en particulier contre la liberté de la presse, il déclencha une grave réplique des journées révolutionnaires d'antan. Ce furent « les trois Glorieuses », journées parisiennes des 25, 26 et 27 juillet 1830.

Faute d'avoir à Paris une armée qu'il venait d'envoyer à Alger, le roi ne put réprimer l'émeute et s'enfuit en Angleterre. La rue ayant gagné, les députés montrèrent le bout de leur nez. Bourgeois, ils confisquèrent la Révolution de juillet et préparèrent l'avènement de Louis-Philippe qui fut proclamé roi des Français au Palais-Bourbon. Pour donner un gage, il abandonna le drapeau blanc et reprit le drapeau tricolore de la Révolution.

Âgé de cinquante-sept ans, Louis-Philippe était le fils de ce duc d'Orléans connu sous la Révolution sous le nom de « Philippe Égalité ». Jeune, il avait fait en 1792 les premières campagnes de la Révolution. C'était aussi un Bourbon, mais de la branche cadette. Il eut la caution de La Fayette (celui de l'indépendance américaine qui survivait décidément à tout) et établit une monarchie bourgeoise. Il réussira à régner dix-huit ans, malgré de nombreuses émeutes. Son dernier Premier ministre, Guizot, résuma ainsi la philosophie du règne (même si cette parole n'a jamais été prononcée) : « Enrichissez-vous. »

En signant des ordonnances répressives, en particulier contre la liberté de la presse, Charles X déclencha une grave réplique des journées révolutionnaires d'antan.

La première crise que Louis-Philippe eut à gérer fut l'affaire belge. Les Belges, enflammés par l'exemple de la Révolution de juillet, s'étaient soulevés contre les Hollandais au mois d'août. Ils ne voulaient plus, en tant que catholiques, coexister avec les calvinistes hollandais. Certains prônaient le rattachement à la France, dont ils étaient séparés depuis à peine quinze ans. Louis-Philippe savait que l'Angleterre ne l'accepterait jamais. Pour la même raison, il refusa l'offre des révoltés belges de donner la couronne de Belgique à l'un de ses fils. Il se contenta, avec l'accord des Anglais, d'envoyer son armée revenue d'Alger chasser les Hollandais d'Anvers en 1832. Les rois posèrent la couronne sur la tête d'un prince allemand de Saxe-Cobourg, Léopold. Création stratégique, la Belgique ne réussira pas à surmonter l'opposition entre les Flamands catholiques, qui parlent hollandais, et les Wallons, également catholiques mais parlant le français et tournés vers Paris (la plus grande place de

Liège se nomme place de la République française). Le problème est encore plus virulent aujourd'hui et l'éclatement de la Belgique est possible.

Le règne de Louis-Philippe a coïncidé avec une extraordinaire mutation technique : la première révolution industrielle fondée sur le charbon et l'acier. La ligne de chemins de fer Paris-Orléans fut inaugurée sous son règne. Les manufactures se transformèrent en usines fumantes.

Beaucoup de paysans pauvres quittèrent les champs pour devenir ouvriers dans ces usines. Une nouvelle classe sociale apparut : la classe ouvrière, aux conditions de vie très dures.

Louis-Philippe eut la caution de La Fayette et établit une monarchie bourgeoise.

Mais le « roi bourgeois » et Guizot furent complètement indifférents à la question sociale que des catholiques libéraux, Lamennais et le père dominicain Lacordaire comprirent mieux. Des théoriciens essayèrent aussi de réfléchir à propos de cette révolution industrielle et sociale : Saint-Simon, Fourier et surtout Louis Blanc, qui inventa le mot « socialisme ».

Quant à l'Algérie, Louis-Philippe, qui en avait rappelé le gros de l'armée, ne songeait qu'à en tenir les ports : Alger, Oran, Mostaganem, Bougie, Bône. On traita pour ce faire avec un chef oranais, Abd El-Kader, qui se proclamait émir. Mais les agressions incessantes des tribus contre les enclaves françaises poussèrent Louis-Philippe à faire occuper Constantine le 13 octobre 1837 par le colonel Lamoricière, expédition coûteuse en vies humaines.

Quant à l'émir, il déclara la guerre sainte contre les Français le 18 novembre 1839. Alors Louis-Philippe se détermina à la conquête. Le général Bugeaud en fut chargé et reçut plus de cent mille hommes pour ce faire. Bugeaud équipa ses soldats en fonction du climat. Il utilisa aussi des troupes indigènes comme les spahis ou les tirailleurs algériens et la Légion étrangère, créée par le roi en 1831.

On a comparé, au début de cette histoire, la conquête de l'Algérie par Bugeaud à celle de la Gaule par César. Ce rapprochement est éclairant : il ne s'agit pas d'une guerre mais d'une conquête coloniale. Le camp (la smala) de l'émir fut pris le 16 mai 1843 par le jeune duc d'Aumale, fils de Louis-Philippe. Les massacres furent nombreux et aussi, selon le vocabulaire colonial, « la pacification ». À la fin de 1847, traqué par les colonnes mobiles de Bugeaud, expulsé du Maroc où il avait cherché asile, Abd El-Kader se rendit le 23 décembre 1847. Louis-Philippe l'envoya en résidence forcée au château d'Amboise. L'Algérie était conquise.

En France, la situation sociale, conséquence de la révolution industrielle, devint de plus en plus tendue, entraînant émeutes, manifestations et une seconde réplique révolutionnaire. À la suite d'une fusillade qui fit trente-cinq morts sur les grands boulevards, Paris se souleva le 24 février 1848 et Louis-Philippe abdiqua. Avec lui, dernier roi en France, la vieille monarchie disparaissait à jamais du pays.

Un gouvernement insurrectionnel de onze membres, dont le socialiste Louis Blanc, le bourgeois libéral Ledru-Rollin et le poète Lamartine, proclama la seconde République et établit le suffrage universel des citoyens mâles. Au même moment ou presque, un certain Karl Marx publiait (avec son ami Engels) le *Manifeste du parti communiste* qui marque l'irruption fracassante de la question sociale dans le domaine politique. La Révolution de 1848 fut contagieuse : elle enflamma Budapest avec Kossuth, menaçant l'Empire autrichien. À Vienne, l'empereur Ferdinand abdiqua. Le Pape s'enfuit de Rome, les révolutionnaires en ayant pris le contrôle.

Le 23 juin à Paris, les ouvriers s'insurgèrent, réclamant leur part du gâteau. L'Assemblée républicaine, élue au suffrage universel le 4 mai précédent, confia l'armée au général Cavaignac, qui écrasa la révolte populaire au prix de plusieurs milliers de morts chez les ouvriers (l'évêque de Paris, monseigneur Affre, fut tué en essayant de s'interposer). La seconde République déporta quatre mille révoltés en Algérie, dont elle divisa le territoire en trois départements : Alger, Oran et Constantine. L'ordre revenu, on procéda, selon la nouvelle Constitution, à l'élection présidentielle au suffrage universel. Cavaignac, Ledru-Rollin et Lamartine étaient candidats face à un neveu de Napoléon, Louis-Napoléon Bonaparte. L'élection eut lieu le 10 décembre 1848. Louis Napoléon fut largement élu. Cela confirme notre affirmation que, pour le peuple, le nom de Napoléon était lié à la République et à la Révolution.

Le 10 Décembre 1848, Louis-Napoléon fut largement élu. Le nom de Napoléon était lié à la République et à la Révolution.

Dans le reste de l'Europe, les forces de l'ordre avaient partout triomphé des insurrections. À Vienne, le jeune empereur François-Joseph fut porté sur le trône (il y restera jusqu'à sa mort en 1916). Le pape rentra à Rome. Et en France, comme naturellement, l'Empire succéda à la République le 2 décembre 1851, par un coup d'État, certes, mais qui fut plébiscité.

Le président de la République prit le nom de Napoléon III, montrant que le « bonapartisme » était devenu dans le pays un courant durable (il perdure actuellement).

Napoléon III avait quarante-trois ans. Avant 1848, il avait mené une vie aventureuse d'exil et de conspiration avec les carbonari italiens et contre la Restauration. Il avait été emprisonné au fort de Ham et s'en était évadé. Le nouvel empereur se rattachait clairement à la « Révolution-Empire » par ses visées sociales (on dirait aujourd'hui « populistes »). En prison, il avait écrit un essai au titre révélateur : *L'Extinction du paupérisme*. Soucieux du niveau des salaires, il put toujours compter sur le vote ouvrier à l'occasion de ses « plébiscites ». Le mouvement ouvrier cherchait d'ailleurs à s'organiser avec des partis et des syndicats, et Napoléon III n'y était pas hostile : la première Internationale put voir le jour à Londres avec son soutien actif. On parle à son sujet de « césaro-socialisme ». À partir de 1864, la grève devint légale. Napoléon III eut la malchance d'avoir pour opposant Victor Hugo, alors au sommet de son art. Le poète, pourtant grand admirateur de l'oncle, appela le neveu « Napoléon le petit ». Exilé à Guernesey, il refusa obstinément les propositions d'amnistie que l'empereur lui faisait tenir.

La grande distribution est apparue sous le Second Empire : le Printemps, la Samaritaine, le Bon Marché.

Mais le second Napoléon mérite mieux que le portrait méprisant que le poète a tracé de lui. Au moins pendant la première partie d'un pouvoir de vingt ans, il incarna la modernité capitaliste.

Napoléon III était entouré d'hommes de finance, souvent de confession protestante ou israélite, tels les frère Pereire ou le baron de Rothschild, régent de la Banque de France en 1855. Il créa les établissements de crédit : Crédit foncier (1852), Crédit lyonnais (1863) et Société générale (1864). Il poussa l'exécution de grands travaux, la plantation de la forêt des Landes, l'assainissement de la Sologne, le réseau des chemins de fer. C'est lui qui soutint Ferdinand de Lesseps dans l'aventure du percement du canal de Suez que l'impératrice Eugénie (une comtesse espagnole épousée en 1853) inaugura. Saint-Simon (qu'il ne faut pas confondre avec son ancêtre du temps du Roi-Soleil) et ses disciples étaient appréciés par lui. Ce Saint-Simon-là, avec son *Catéchisme des industriels*, donnait une vision optimiste du progrès économique. La grande distribution est apparue sous le Second Empire : le Printemps, la Samaritaine, le Bon Marché.

C'est encore le Second Empire qui donna un cadre juridique au capitalisme moderne : celui de la société anonyme, codifiée en 1867, l'année même où parut *Le Capital*, ouvrage majeur de Karl Marx. S.A. contre marxisme !

Napoléon III confia la transformation de Paris au baron Haussmann qui lui donna son visage actuel, avec ses grandes avenues et son architecture spécifique. Le Paris moderne annexa à la ville les communes de banlieue situées entre le mur d'enceinte (construit par Thiers en 1845, sous Louis-Philippe) et la municipalité : beaux immeubles, grandes percées, éclairage au gaz. Le splendide palais Garnier est le fleuron du style Second Empire.

Héritant des départements algériens, Napoléon III, qui avait saisit que l'Algérie n'était pas la France, eut l'idée d'en faire un « royaume arabe », un protectorat. Il se voulut « empereur des Français et roi des Arabes ». Malheureusement, ce projet intelligent de 1863 n'eut pas de suite après le Second Empire.

En Extrême-Orient, l'amiral Rigault s'empara de Saigon en 1852 et le traité de 1862, avec l'Annam, fit de la Cochinchine une colonie française. Notons que Napoléon III fit libérer l'émir Abd El-Kader qui s'en alla résider dans l'Empire turc à Damas, en Syrie.

À l'extérieur, Napoléon III voulut (comme l'avait fait Chateaubriand en Espagne) rompre l'isolement de la France, tenue en suspicion depuis la Révolution. Tout en répétant « l'Empire c'est la paix » et en reculant devant l'établissement de la conscription, il fit un certain nombre de guerres à but limité qui réintroduisirent la France dans le concert des nations.

À l'extérieur, Napoléon III voulut rompre l'isolement de la France.

L'Angleterre voulait empêcher le tsar de mettre la main sur Constantinople et les détroits. Napoléon III s'allia avec notre plus vieil ennemi en 1855, préfiguration de l'Entente cordiale. Il envoya des troupes en Crimée. Sébastopol prise, le tsar traita à Paris, en 1856.

L'Autriche dominait toujours la péninsule italienne divisée en multiples États. Seul le royaume de Piémont, qui s'étendait de part et d'autre des Alpes, sous la Maison de Savoie, était développé. Le roi Victor-Emmanuel II faisait confiance à un excellent ministre du nom de Cavour. Napoléon III lui promit son aide. Le Piémont ayant déclaré la guerre à l'Autriche, les armées françaises dirigées par l'empereur en personne vainquirent les Autrichiens à Magenta et à Solferino en juin 1859 (c'est au spectacle de ces batailles, meurtrières, que le Suisse Henri Dunant décida de créer la Croix-Rouge).

L'unité italienne put alors se réaliser autour de la monarchie piémontaise, avec l'aide inattendue des partisans républicains du niçois Garibaldi, les « chemises rouges ». Victor-Emmanuel céda à la France la Savoie, qui parlait français et regardait vers Paris (mais qui était la terre d'origine de sa dynastie) et le comté de Nice qui, lui, était tout à fait italien.

L'Italie fut le chef-d'œuvre de la politique extérieure de Napoléon III. Rattachement pacifique de belles provinces (ratifié par les populations à l'occasion de référendums), surgissement à la frontière sud-est d'une puissance amie. Mais les résultats en furent compromis par la « question romaine ». Rome était en effet la capitale naturelle du nouvel État. Napoléon n'osa pas la lui accorder, de peur de mécontenter les catholiques français, car le pape était toujours le souverain temporel de la ville. Il y installa même une garnison française (Rome sera annexée par l'Italie

L'Italie fut le chef-d'œuvre de la politique extérieure de Napoléon III.

en 1870, le pape se considérant alors comme « prisonnier du Vatican »). Du coup, les italiens en voulurent à la France. Ne pas savoir choisir est un grand défaut en politique.

Si l'action en Italie avait été, malgré tout, fructueuse, celle que Napoléon III tenta au Mexique fut désastreuse. Il voulait opposer aux États-Unis devenus puissants et anglophones un Empire « latin ». Un parent de l'empereur d'Autriche, Maximilien, fut installé par l'armée française de Bazaine, sur le trône de Mexico. Napoléon III profitait de la faiblesse momentanée des États-Unis déchirés de 1861 à 1865 par la guerre de Sécession.

Mais les Mexicains, antiyankees, appréciaient encore moins d'être envahis par des Français. Des guérillas surgirent partout : le Mexique fut l'« Espagne » du « neveu ». L'armée française dut se rembarquer. Le pauvre Maximilien sera fusillé en 1867. Pendant que la France s'enlisait au Mexique, la Prusse réussissait à faire l'unité de l'Allemagne, autour de Berlin. En 1862, le roi de Prusse Guillaume Ier avait pris comme chancelier un homme déterminé, Bismarck, prussien d'une famille noble. Sans romantisme, cynique et froid, il voulait passionnément l'unité allemande.

Le premier obstacle à ce projet était l'Autriche. À Sadowa, le 3 juillet 1866, les Prussiens, conduits par le général Moltke, écrasèrent l'armée du Saint Empire (transformant l'Autriche en vassale). Cela ne se serait pas produit si l'armée française avait paru sur le Rhin. Elle n'en fit rien.

L'aveuglement de Napoléon III envers la menace prussienne est surprenant : le « droit des peuples à disposer d'eux-mêmes », qu'il professait, l'empêchait probablement de s'opposer à celui des Allemands de réaliser leur unité. Il réclama l'annexion du Luxembourg en compensation (comme il avait obtenu Nice, avec cette différence que l'unité italienne n'aurait pas pu avoir lieu sans la France, ce qui n'était pas le cas de l'Allemagne). Bismarck rejeta avec dédain cette demande de « pourboires ».

En effet, le dernier obstacle qui se dressait devant lui était précisément la France. Elle ne faisait pas le poids avec sa petite armée coloniale.

En Prusse, Bismarck avait imposé la conscription. Les industriels de la Ruhr fournissaient à son armée, nombreuse et bien équipée, une formidable artillerie moderne. L'empire d'Autriche était hors jeu depuis Sadowa et Bismarck prit bien soin de ne pas provoquer l'Angleterre, en ne menaçant pas la neutralité belge. En revanche, il agita un chiffon rouge devant la France en appuyant les candidats d'un cousin du roi de Prusse, Antoine de Hohenzollern, au trône d'Espagne devenu vacant depuis septembre 1868. Évidemment, Napoléon III s'y opposa. Guillaume eut bien cédé, mais Bismarck jeta de l'huile sur le feu par la fameuse dépêche d'Ems où il travestissait la reculade de son roi derrière des mots offensants. Napoléon III déclara la guerre à la Prusse le 18 juillet 1870. L'empereur, par certains côtés, modernisateur génial, a toujours été absolument nul en matière militaire, à l'opposé de son oncle.

Sa petite armée de métier, brave (les charges de cavalerie, meurtrières sous les canons allemands, de Reichshoffen en Alsace, rappelaient celle d'Azincourt sous le tir des archers anglais), fut décimée dès les premiers affrontements.

Napoléon III en personne, ayant pris le commandement de l'armée de réserve à Sedan, y fut encerclé par les Prussiens (une bataille d'Ulm à l'envers) et dut se rendre le 2 septembre. Il fut enfermé au château de Wilhemshöhe, près de Cassel. Avec l'emprisonnement de son chef, le Second Empire s'écroula.

Comme après Sadowa avec l'Autriche, Bismarck pensait que la guerre était finie. Il se trompait. Menacés d'invasion, les Français se virent revenus en 1793.

Le 4 septembre, une émeute à Paris, conduite par les députés de la capitale – Léon Gambetta, Jules Favre et Jules Ferry – proclama la troisième République.

Les onze députés parisiens se déclarèrent « gouvernement de la Défense nationale ». Surprises, les armées de la Confédération allemande investirent Paris, mais se gardèrent bien de donner l'assaut à l'immense camp retranché construit par Louis-Philippe. Le siège de Paris allait durer plus de quatre mois.

Dès le 9 octobre, Léon Gambetta (qui avait quitté en ballon la ville assiégée) était à Tours pour organiser la défense depuis la province. Gambetta avait trente-deux ans et de l'énergie républicaine à revendre. D'origine italienne, naturalisé à dix-huit ans, son patriotisme français était intense. Il fit acheter des armes à l'étranger et leva des armées de conscription (les « mobiles », d'où vient la « mobilisation »). Les Prussiens, surpris et s'enfonçant contre leur gré dans la France profonde, furent même battus à Coulmiers le 9 novembre par le général Chanzy, qui organisa ensuite une brillante retraite d'hiver. Pendant ce temps, Paris s'épuisait en « sorties » meurtrières.

Menacés d'invasion, les Français se virent revenus en 1793. Le 4 septembre, une émeute proclama la troisième République.

En janvier 1871, Gambetta pensait encore que la lutte gardait ses chances. Mais il eut fallu pour cela renouer avec l'esprit de la « Convention ». Les bourgeois du gouvernement n'eurent pas cette audace et demandèrent l'armistice le 28 janvier. Bismarck, qui avait eu très peur, le leur accorda, non sans profiter de l'occupation de Versailles pour faire proclamer dans la galerie des Glaces le roi de Prusse empereur d'Allemagne.

Divisée en une poussière d'États, l'Allemagne n'avait guère compté jusque-là : unie, elle surgissait, industrielle, menaçante, au centre de l'Europe. Bismarck aurait pu se contenter de ce formidable succès. S'il l'avait fait, l'Allemagne nouvelle et la France millénaire se seraient probablement réconciliées très vite. Mais Bismarck tomba dans la démesure et exigea l'annexion de l'Alsace, française depuis 1663, et d'une partie de la Lorraine, française depuis plus longtemps encore, erreur tragique qui porte en elle les conflits du XXe siècle. Bismarck pensait que la nation était fondée sur la race (de ce point de vue, les Alsaciens sont germains), alors que Gambetta croyait qu'elle était fondée sur la loi.

Cette idée « ethnique » de la nation trouvera son apogée avec le chancelier Hitler. L'Alsace-Lorraine restera une plaie vive au cœur des Français, un regret obsédant même si l'on n'osait pas en parler pour ne pas provoquer le « Reich ». « Y penser toujours, n'en parler, jamais. » Ce désir de revanche explique la Première Guerre mondiale.

L'Alsace-Lorraine restera une plaie vive au cœur des Français.

En attendant, 20 % des Alsaciens quittèrent leur petite patrie pour garder la nationalité française. Beaucoup s'installèrent en Algérie. D'ailleurs, l'armistice « bourgeois » fut très mal accueilli en France par le peuple et par certains officiers. En témoigne cette lettre de Louis Rossel, officier de carrière, à son ministre : « Je me rends à Paris… Instruit qu'il y a deux parties en lutte dans le pays, je me range sans hésitation du côté de celui qui n'a pas signé la paix et ne compte pas dans ses rangs de généraux coupables de capitulation. » En effet, Paris, malgré quatre mois de siège, avait le sentiment d'être invaincu, incompris aussi, car les élections de la paix avaient envoyé à Versailles, où siégeait l'Assemblée, une majorité de droite dirigée par Adolphe Thiers.

Quand le gouvernement voulut reprendre les canons entreposés sur la butte Montmartre, la capitale entra en insurrection. Trop faible encore (les prisonniers n'étant pas rentrés), Thiers fit évacuer la ville par les troupes régulières. Le 18 mars 1871,

Paris se déclara « commune libre » et, pendant deux mois, le drapeau rouge des socialistes flotta sur l'hôtel de ville. Karl Marx vit dans la « Commune » la première « dictature du prolétariat ».

Ce fut la guerre civile sous les yeux des Prussiens. Des camarades de promotion s'affrontèrent comme le prouve ce billet étonnant de Louis Rossel, devenu chef militaire de la commune à un officier « versaillais » :

« *Mon cher camarade,*

La prochaine fois que vous vous permettrez de m'envoyer une sommation aussi insolente que votre lettre autographe d'hier, je ferai fusiller votre parlementaire, conformément aux usages de la guerre.

Votre dévoué camarade »

Cependant, Thiers avait rassemblé à Versailles les troupes fidèles au gouvernement. Le 21 mai, celles-ci reprirent Paris, quartier par quartier, à la lueur des incendies, jusqu'au 28. Aux exécutions sommaires perpétrées par les Versaillais répondirent les massacres d'otages, dont l'archevêque de Paris, par les « communards ». La répression fut terrible : des milliers de morts ! Brûlées, les Tuileries ne seront jamais reconstruites. Adolphe Thiers, nommé chef de l'exécutif, obtint une évacuation rapide du pays.

La Constitution de 1875, votée à une faible majorité des députés, aurait pu convenir à une monarchie constitutionnelle. Tel était le désir de Thiers. Mais l'entêtement du comte de Chambord qui ne voulait pas conserver le drapeau tricolore rendit cette voie impraticable. La troisième République, née le 4 septembre 1870, va donc durer jusqu'en 1940.

La troisième République, née le 4 septembre 1870, va durer jusqu'en 1940.

Mac-Mahon en fut élu président par les Chambres. En mai 1877, les Républicains gagnèrent les élections, Mac-Mahon démissionna. Jules Grévy lui succéda. Mais le pouvoir réel passa de la présidence de la République, établie au palais de l'Élysée, à l'Assemblé nationale du Palais-Bourbon qui fit et défit en son sein les gouvernements, le président du Conseil choisi par elle devenant le véritable chef de l'exécutif.

Les gouvernements ne duraient pas longtemps mais, les mêmes hommes s'y succédant sans cesse, derrière cette instabilité apparente, la continuité réelle permit aux républicains d'accomplir une grande œuvre.

La première et la plus connue fut celle de Jules Ferry qui, en 1881, fit voter une loi rendant l'instruction publique obligatoire jusqu'à treize ans. C'était une première dans le monde. Chaque commune fut obligée de construire une école (une cour pour les garçons, une autre pour les filles). Les gendarmes venaient chercher les récalcitrants. Une école normale dans chaque département formait les instituteurs, ces fameux « hussards » de la République. Ils apprenaient aux enfants à lire et à écrire un excellent français, bien meilleur que celui de nos écoliers actuels. Ils leur apprenaient aussi le civisme et l'amour de la France. À Paris, l'École normale supérieure formait les maîtres des maîtres, destiné aux lycées. Pour la première fois, le peuple fut entièrement alphabétisé. Les journaux tiraient alors quatre fois plus qu'aujourd'hui.

Pour la première fois, le peuple fut entièrement alphabétisé.

Les républicains donnèrent aussi à la France ces symboles que l'on croirait plus anciens : la Marseillaise comme hymne et le 14 Juillet comme fête nationale ainsi que le visage de Marianne présent dans toutes les mairies. En 1901, ils votèrent une loi très importante, et toujours en vigueur, reconnaissant la « liberté d'association ». Il n'est plus besoin pour créer une association de demander d'autorisation, une simple déclaration à la préfecture suffit.

Tout cela évidemment ne se fit pas sans oppositions ni crises. Un beau général, Boulanger, ministre de la Guerre en 1884, poussé par le courant bonapartiste, menaça l'Élysée. Mais il prit peur et s'enfuit en Belgique.

L'affaire Dreyfus fut plus grave. Le capitaine Dreyfus, un juif alsacien, fut accusé d'avoir livré des secrets militaires aux Allemands. Il travaillait au deuxième bureau de l'état-major. Jugé à la va-vite par un conseil de guerre, il fut envoyé au bagne en Guyane en 1894. Deux ans plus tard, en 1896, on s'aperçut que le coupable n'était pas Dreyfus mais un autre officier du nom d'Esterházy. L'état-major refusa de se déjuger, Esterházy fut acquitté. Les intellectuels de gauche se mobilisèrent alors pour la libération de Dreyfus. En 1898, Émile Zola écrivit dans *L'Aurore* sa lettre dénonciatrice titrée « J'accuse ». Finalement, le procès fut révisé en 1899 et le capitaine alsacien, rétabli dans ses droits en 1906.

La laïcité est une idée originale, spécifiquement française.

Il est difficile d'imaginer aujourd'hui la passion que souleva cette affaire, divisant les familles ; on trouvait des « dreyfusards » aussi bien à droite (le père du général de Gaulle, Lyautey) qu'à gauche (Péguy, Zola).

L'antisémitisme de l'époque y eut sa part. Mais justice fut rendue au capitaine contre les institutions. Dans quel autre pays, en ce temps-là, la raison d'État a-t-elle été mise en échec? Cependant, à cause de cette affaire, Theodore Herzl eut la conviction qu'il fallait créer quelque part un refuge pour le juifs. Le Sionisme était né!

Mais la grande affaire de l'époque fut la lutte entre « cléricaux » et « anticléricaux ». Malgré l'opposition de l'Église catholique, la loi de séparation entre l'Église et l'État fut votée en 1905. Depuis Henri IV et l'édit de Nantes, la citoyenneté n'était plus liée à la religion mais le concordat de Napoléon, œuvre de circonstance, continuait d'assurer à l'église une position privilégiée : le clergé, par exemple, était payé par l'État. La loi de séparation mit fin au statut privilégié du catholicisme. Cette réforme capitale ne se fit pas sans remous. Les congrégations religieuses furent contraintes à l'exil et les « inventaires » du mobilier des églises, devenues propriété de l'État, eurent lieu sous la protection des gendarmes.

Néanmoins les républicains modérés, alliés aux catholiques modérés, réussirent progressivement à pacifier les esprits. Les « inventaires » furent abandonnés. Finalement, cette loi profita à l'Église de France, obligée à la liberté et donc au renouveau.

La laïcité est une idée originale, spécifiquement française, dans un monde où la reine d'Angleterre reste le chef de l'Église anglaise et où l'on peut lire sur les dollars : « Nous croyons en Dieu » (« In God we trust »). Elle ne signifie pas que l'État n'a aucun rapport avec les cultes, en particulier pour l'organisation matérielle. Elle veut dire que toutes les croyances, y compris l'incroyance, sont autorisées.

Il est difficile d'imaginer aujourd'hui les passions qui opposaient à l'époque cléricaux et anticléricaux, parmi lesquels les francs-maçons du Grand Orient jouaient un rôle actif (alors que les francs-maçons anglo-saxons sont religieux).

Les républicains surent faciliter la promotion sociale : l'instituteur repérait le bon élément, qui montait à Paris. Cependant, appuyés sur leur base électorale de classe moyenne, ils ne surent pas prendre en compte la question sociale comme l'avait fait le Second Empire. Certes les syndicats étaient autorisés depuis 1884, mais la misère ouvrière était grande et les classes populaires durablement traumatisées par la répression de la Commune.

La deuxième Internationale, créée en 1884, fut considérée par la République comme subversive, et l'agitation ouvrière resta fréquente. La CGT (Confédération générale du travail) vit le jour en 1895 et le SFIO (Section française de l'internationale ouvrière) fut fondé par Jean Jaurès en 1905. Le marxisme était à la mode dans le mouvement ouvrier. Paradoxalement, le pape Léon XIII, dans son encyclique *Rerum novarum*, parut plus sensible à ce mouvement que les républicains. Ce même pape donna l'ordre aux catholiques de se rallier à la République.

Malgré cela, la majorité de la population d'une France encore provinciale était contente de la troisième République qui devint vite dans les souvenirs la « Belle Époque ».

C'était une époque de progrès. La seconde révolution industrielle du pétrole et de l'électricité était alors largement française. L'Angleterre avait été le pays de la première, du charbon et de la suie. La France était la patrie de l'automobile et de l'aviation. Certes, les Américains Wright firent voler le premier « avion », ainsi nommé par le Français Clément Ader mais, en 1909, Blériot franchissait la Manche et en 1913, Rolland Garros survolait la Méditerranée. La France fut aussi le pays du cinéma et de la photographie, inventée par Niépce et Daguerre. Les frères Lumière projetèrent leur premier film, *L'Arroseur arrosé*, en 1895.

La science semblait promettre à tous un avenir de bonheur. En 1898, Pierre et Marie Curie mirent en évidence la radioactivité. La télégraphie sans fil, la TSF, restait expérimentale mais l'usage du téléphone devint général.

Pour fêter le centenaire de la Révolution, les Républicains organisèrent à Paris l'Exposition universelle, à l'occasion de laquelle le grand ingénieur français Eiffel édifia une tour, qui devait être provisoire, sur le Champ-de-Mars. Tous les maires de France, plus de trente mille, furent invités à un grand banquet républicain dans le parc des Tuileries. Le château brûlé par la Commune ayant été démoli, les dîneurs contemplaient les bâtiments du Louvre. Dans les brasseries de Montparnasse se croisaient les plus grands peintres : Corot, Manet, Picasso, Degas,

Seurat, Toulouse-Lautrec, Van Gogh, Cézanne. On se serait cru pendant la Renaissance italienne. Les lettres brillaient tout autant : Zola, Péguy, Proust (*La Recherche* date de 1913), Gide (*Les Nourritures terrestres* sont de 1897), ainsi que les poètes : Rimbaud, Verlaine et Apollinaire. Baudelaire et Flaubert venaient à peine de mourir. L'enterrement de Victor Hugo au Panthéon en 1885 réunit plus d'un million de personnes.

En même temps, la France participait à l'expansion coloniale, certes distancée par l'Angleterre et le British Empire, mais avec vigueur. D'ailleurs, la véritable motivation de la colonisation ne fut ni humanitaire ni économique (sauf pour l'Angleterre) ; on la trouve dans la rivalité des puissances entre elles, dans la volonté de ne pas laisser la place aux autres.

La troisième République héritait les Antilles et la Réunion de l'Ancien Régime, et du Second Empire, l'Algérie, la Cochinchine, la Nouvelle-Calédonie. Transformée en départements, l'Algérie devint une colonie de peuplement sans que l'État l'ait tellement voulu. Mais aux exilés de 1848 s'ajoutèrent ceux, beaucoup plus nombreux, de la Commune dans les années 1870, renforcés par de nombreux Alsaciens-Lorrains. À ce noyau s'agrégèrent des émigrés espagnols, italiens, maltais. Le gouvernement de la Défense nationale naturalisa en bloc les Juifs maghrébins (décret Crémieux), mais pas les Arabes. Ainsi naquit réellement un peuple français en Algérie : mélange de Français du Midi attirés par la colonisation agricole, de communards, d'Alsaciens, d'Espagnols, d'Italiens, de Maltais et de Maghrébins israélites. Tous ces gens d'origines diverses parlaient français. Mais en dessous, la masse des Arabes musulmans ne fut pas assimilée. Aurait-elle pu l'être « à la romaine », malgré l'islam ?

Quant à la solution du « royaume arabe », elle devenait inapplicable à cause de la colonisation de peuplement. Tout le drame futur est déjà là : les colonies de peuplement, où un peuple d'arrivants cherche à se substituer à un autre, posent toujours problème. Le paradoxe de la République est que cette colonie algérienne de peuplement s'imposa sans avoir été réellement pensée.

Partout ailleurs, la République pratiqua une colonisation plus légère (sauf en Nouvelle-Calédonie, où elle envoya ses déportés politiques et ses forçats). La France imposa son protectorat en 1881 à la Tunisie et en 1912 au Maroc où le général Lyautey, le plus intelligent de nos coloniaux, se voulut une sorte de Richelieu au service du sultan.

De Marrakech à Kairouan, toute la péninsule maghrébine était devenue française. En 1862, le général Faidherbe s'assura autour du vieux comptoir de Saint-Louis de la péninsule du Cap-Vert (où sera créé le port de Dakar, lequel commande l'Atlantique sud) et du fleuve Sénégal.

Un Français d'origine italienne fit, avec peu de moyens, la conquête du bassin du Congo. Il était originaire d'une île dalmate, Brazza (aujourd'hui Brac), et la capitale du Congo, Brazzaville, a gardé son nom, cas unique en Afrique. Le général Gallieni annexa la grande île de Madagascar après avoir déporté à Alger la reine Ranavalona.

Présente en Cochinchine depuis Napoléon III, la France imposait bientôt son prétendant à l'Empire d'Annam et faisait la conquête du Tonkin, du Laos, du Cambodge, créant l'Indochine française dont la culture de l'hévéa fera une riche colonie d'exploitation (la seule, d'un domaine français plutôt pauvre).

En Afrique, les Français progressaient de Dakar vers Djibouti et les Anglais du Cap au Caire. La rencontre à Fachoda du colonel Marchand et du sirdar Kitchener faillit provoquer une guerre entre les deux pays.

En 1900, trois colonnes françaises commandées par Foureau, Lamy et Gentil, partis d'Alger, de Dakar et de Brazzaville, se rencontrèrent sur le lac Tchad. L'AOF et l'AEF étaient fondées. La même année, une école coloniale fut ouverte à Paris pour former des administrateurs coloniaux et les gouverneurs. Cette aventure eut ses héros et ses bourreaux : Savorgnan de Brazza libérait les esclaves tandis que les officiers d'une colonne qui marchait dans le Sahel, devenus fous, brûlaient les villages. La République envoya à leur trousse un officier de devoir, le colonel alsacien Kolb. Il rattrapa les officiers mais ces derniers l'assassinèrent. Ce fut leur perte : ils furent eux-mêmes tués par leurs tirailleurs qui ne comprenaient pas ce grave manquement à la hiérarchie.

En 1885, au congrès de Berlin, les puissances se partagèrent le continent africain. Convoité à la fois par les Anglais et les Français, le riche bassin du Congo fut attribué au roi des Belges qui se comporta si mal que le parlement de Bruxelles lui confisqua le Congo et en fit une colonie de la Couronne. L'Allemagne, venue tard dans la compétition, n'eut que des bribes : Togo, Cameroun, Tanganyika, Namibie. En 1913, l'Italie fit la guerre aux Turcs pour leur arracher la Libye. Le monde entier était colonisé par les Européens, à l'exception du petit Japon qui leur résista, et réussit à devenir moderne tout seul (l'ère Meiji après 1868). La Chine, elle-même trop grande, était dépecée en concessions. On faisait la guerre à son impératrice Tseu-Hi quand elle n'était pas assez docile (les « cinquante-cinq jours de Pékin »).

Le monde entier était colonisé par les Européens, à l'exception du petit Japon qui leur résista.

Que dire de cette aventure coloniale française ?

Évitons l'anachronisme, les républicains d'alors avaient bonne conscience comme le montre le fameux discours de Jaurès sur les devoirs des peuples supérieurs à l'égard des races sous-développées. La France ouvrit des dispensaires, traça des routes, construisit des ports, envoyant « aux colonies » médecins, ingénieurs et instituteurs. On trouve dans le discours de Jaurès les arguments développés aujourd'hui par Kouchner en faveur du droit d'ingérence. Évidemment, il y eut beaucoup d'exploiteurs mais aussi des administrateurs dévoués, des missionnaires. La France est née de la colonisation des Gaulois par Rome. Elle y a perdu sa culture celte et gagné la latine. La colonisation a complètement détruit les structures tribales en Afrique noire. Les a-t-elle remplacées ?

Héritiers des Romains, les Français parlèrent beaucoup d'« assimilation » mais la pratiquèrent peu. Subsiste néanmoins aujourd'hui, du Maroc au Congo, une Afrique francophone, différente de l'anglophone des Grands Lacs. Et les flux migratoires témoignent de la permanence du fait colonial : les Maliens vont en France, les Pakistanais en Angleterre, les Angolais au Portugal, les Indonésiens en Hollande. L'aventure coloniale, si elle passionna quelques jeunes gens et quelques industriels n'intéressait pas beaucoup le Français moyen. Au contraire, chaque Anglais avait un frère ou un cousin dans le British Empire, l'armée des Indes ou les douanes d'Égypte.

Les flux migratoires témoignent de la permanence du fait colonial.

En dehors des expéditions coloniales, la Belle Époque fut une période de paix. Encore une fois, on jugea la guerre dépassée : « La guerre entre la Grande-Bretagne et l'Allemagne, écrivait en 1911 l'essayiste anglais Norman Angell, est devenue impossible. Si elle survenait, les Bourses de Londres et de Berlin seraient évincées. »

Cependant les Français, plutôt heureux, sentaient confusément le danger. Ils avaient accepté la réintroduction de la conscription sans murmurer. Ils savaient vaguement que le vieil Empire austro-hongrois était traversé de courants divergents. Ils suivaient avec sympathie les efforts des Irlandais pour s'arracher à la domination des Anglais et la lutte des colons hollandais boers en Afrique du Sud contre ces mêmes Anglais. Toutefois, l'Entente cordiale de 1904 et les séjours fréquents d'Édouard VII à Paris avaient rapproché le Royaume-Uni et la France.

En revanche, les Français dans leur ensemble sous-estimaient le danger allemand, tout en gardant au cœur l'Alsace-Lorraine. Après 1871, l'Allemagne était devenue un formidable Empire de près de soixante-dix millions d'habitants, presque le double de la France, hyperindustrialisé avec le cœur d'acier de la Ruhr, et gonflé d'une incroyable volonté de puissance. Guillaume II, le kaiser, occupait le trône impérial de Berlin. Prétentieux et peu intelligent, il renvoya Bismarck en 1890. Malgré son erreur alsacienne, le « chancelier de fer » gardait le sens des réalités, pas Guillaume II. Avec son armée, la plus puissante du monde, ce dernier se croyait invincible. L'état-major allemand avait dans ses cartons un plan, le plan Schlieffen, qui prévoyait de prendre l'armée française à revers en violant la neutralité belge. Repris par Moltke en 1908, ce plan était politiquement inepte, tant il semblait évident que l'Angleterre qui avait créé la Belgique et combattu Napoléon à cause d'Anvers n'accepterait jamais une atteinte à cette neutralité. L'Allemagne n'avait pas de flotte capable d'affronter la Royal Navy.

Guillaume restait persuadé que, comme en 1870, l'Angleterre ne bougerait pas. Par ailleurs, il ne comprenait pas que la France avait changé. Ce n'était plus celle d'Offenbach, mais celle des instituteurs. Les événements de 1913 qui virent reculer ses alliés ottomans devant les Serbes, les Grecs et les Bulgares inquiétèrent Berlin. Le 28 juin 1914, l'archiduc d'Autriche ayant été assassiné à Sarajevo par un nationaliste serbe, Berlin poussa Vienne à l'intransigeance. La Russie, protectrice traditionnelle de la Serbie, mobilisa le 25 juillet.

Guillaume crut bonne l'occasion d'anéantir la France par une campagne éclair. Il lui fit déclarer la guerre le 3 août. En application des plans, l'armée allemande envahit la Belgique. Guillaume fut surpris de recevoir le 4 août la déclaration de guerre du Royaume-Uni.

La tragédie de la Première Guerre mondiale venait de s'enclencher à cause de la présomption et de l'imbécillité du kaiser. Bismarck n'aurait jamais fait cela ! Surpris et agressés, les Français répondirent massivement et sans état d'âme à l'ordre de mobilisation générale, malgré l'assassinat de Jean Jaurès le 31 juillet précédent par un fanatique d'extrême droite.

La guerre de 1914-1918 fut terrible par sa violence nouvelle. L'opinion n'avait nullement intégré la puissance des armes modernes et en particulier de l'artillerie. En Amérique déjà, la guerre de Sécession avait manifesté les conséquences ravageuses des armes industrielles, mais l'Amérique était loin. La cavalerie disparut. L'infanterie fut sollicitée comme jamais elle ne l'avait été. Sous Napoléon, le soldat se battait une seule journée dans la gloire des oriflammes ; le reste du temps, il marchait ou lutinait les hôtesses : rien à voir avec l'enfer des « poilus » !

Des guerres puniques à Napoléon, la guerre était restée la même et en 1914 surgit la « guerre industrielle ».

Nul n'en a mieux décrit le choc que Maurice Genevoix. Il avait vingt-deux ans et venait d'être reçu à l'agrégation de lettres à l'École normale supérieure. Il fut mobilisé comme sous-lieutenant de réserve et se retrouva en pleine bataille de la Marne à la tête d'une section de conscrits.

« Derrière nous, pourtant, nos soldats marchent, chaque pas qu'ils font les rapproche de ce coin de terre où l'on meurt aujourd'hui. Ils vont entrer là-dedans, soulevés de terreur, mais ils feront les gestes de la bataille. Les yeux viseront, le doigt appuiera sur la détente du fusil, aussi longtemps qu'il sera nécessaire, malgré les balles obstinées qui sifflent, malgré l'affreux bruit qu'elles font lorsqu'elles frappent et s'enfoncent. Ils se diront : « Tout à l'heure, peut-être, ce sera moi » et ils auront peur dans toute leur chair. Ils auront peur, c'est certain, c'est fatal, mais ayant peur, ils resteront. »

L'armée allemande traversa donc la Belgique, prenant les Français à revers. Joffre, le général en chef, n'était pas un génie. Gros mangeur, épais, mais calme, il ordonna la retraite générale. Du 4 août au 6 septembre, les soldats français reculèrent, à l'est de Paris, passant devant le camp retranché. Les Allemands lui présentaient leur flanc. Gallieni, qui y commandait, suggéra à Joffre une contre-attaque que le général en chef ordonna le 6 septembre. Comme le commandant du corps expéditionnaire anglais hésitait, Joffre lui dit : « Il y va de l'honneur de l'Angleterre. » « *I will do my possible* », affirma l'autre. Les Allemands reculèrent.

L'horrible guerre des tranchées remplaça la guerre de mouvement.

Traduit devant une commission d'enquête prussienne et sanctionné, le général von Kluck déclara : « Qu'avez-vous à me reprocher ? Nous sommes tous responsables. Car, qu'après une retraite infernale d'un mois il y eut au monde un soldat capable de se relever et de contre-attaquer et que ce soldat fut le soldat français, on ne nous l'avait jamais appris dans aucune de nos académies de guerre. »

Cependant, les Allemands réussirent à s'accrocher au territoire français. L'horrible guerre des tranchées remplaça la guerre de mouvement. De février à décembre 1916, Falkenhayn et Guillaume II espérèrent écraser les Français sous les obus à Verdun. Les poilus résistèrent.

Nos contemporains ne comprennent plus ce qui les faisait tenir. Les films sur la guerre de 1914-1918 ne parlent que de déserteurs et de fraternisation. L'historien Jean-Jacques Becker nous restitue le climat mental de l'époque : « Les normaliens qui se préparaient à partir en vacances. Ces paysans arrachés aux travaux des champs, ces ouvriers, avaient un point commun. Un amour commun de leur patrie, la conviction que rien n'était supérieur à la sauvegarde de leur nation, même si ce n'étaient pas des choses qu'ils disaient ordinairement. »

La guerre se déroulait aussi hors de France : en Russie, Prussiens et armées du tsar avançaient et reculaient. Les Autrichiens écrasaient les Italiens à Caporetto. Les Turcs, alliés des Allemands, jetaient à la mer, sur le commandement de Mustapha Kemal, les Anglo-Français aux Dardanelles. Les Anglais poussaient les Arabes à se révolter contre les Turcs mais, en même temps, promettaient aux Israélites de créer un « foyer national juif » en Palestine, engagements contradictoires à l'origine de la tragédie israélo-palestinienne. Les Turcs massacraient des centaines de milliers d'Arméniens ottomans, suspects d'amitié avec les Russes.

Nos contemporains ne comprennent plus ce qui faisaient tenir les poilus.

En 1917, le moral fléchit chez tous les belligérants. La Russie tsariste s'effondra. Le tsar abdiqua, ses armées se débandèrent et la guerre se termina à l'est. Les Allemands purent occuper l'Ukraine.

Agacés de voir leurs cargos (qui ravitaillaient l'Angleterre) coulés par les sous-marins allemands, les États-Unis déclarèrent la guerre à l'Allemagne le 4 avril 1917. Cette intervention n'eut pas une grande importance militaire. Adepte de l'armée de métier, l'Amérique réussit à envoyer en France un million de soldats, mais ils durent être instruits et armés par les Français et intervinrent peu. Cependant, elle est une immense portée morale, rendant espoir aux Alliés.

Les remous de 1917 s'apaisèrent dans l'armée française où le général Pétain, avec un gros bon sens (ravitaillement, permissions), sut rétablir la confiance. D'ailleurs, nos contemporains exagèrent beaucoup les mutineries de 1917. Elles n'eurent lieu qu'à l'arrière. Aucun poilu ne quitta son poste de combat. Le 16 novembre 1917, l'Assemblée nationale investit Georges Clemenceau appelé par le président Poincaré qui ne l'aimait pourtant pas.

Le vieillard de soixante-dix-sept ans devint une espèce de « dictateur » et galvanisa les énergies. Les offensives allemandes, dirigées de mars à juillet 1918 par Hindenburg et Ludendorff, se brisèrent sur le front français. Le moral allemand s'effondra alors dans les armées. La partie était jouée. L'Empire turc demanda la paix le 30 octobre, l'Empire autrichien en fit autant le 3 novembre. Le kaiser s'enfuit en Hollande.

Le 11 novembre, le gouvernement allemand demanda l'armistice. L'Alsace-Lorraine était rendue à la France, l'armée allemande démobilisée, la flotte détruite et la Rhénanie occupée.

La France sortait donc victorieuse de cette épreuve terrible dont elle avait supporté, avec des alliés certes, le poids principal. Huit millions de mobilisés (autant que les Allemands pour une population très inférieure), un million et demi de morts ou presque ! Un homme jeune sur quatre. Jamais dans l'histoire des hommes aucune cité, aucune patrie, n'avait payé un tel prix. Quand on parcourt les villages de France et que l'on regarde les monuments aux morts, on peut y lire des dizaines de noms. Aucune famille ne fut épargnée, et cela dans toutes les classes sociales, des dirigeants aux plus pauvres. Les grandes écoles ont vu leurs promotions décimées. Péguy et Alain-Fournier moururent les armes à la main, Apollinaire succomba des suites de sa blessure.

Les Empires autoritaires, Allemagne, Autriche, Russie, Turquie, ne survécurent pas à la guerre.

Les Empires autoritaires, Allemagne, Autriche, Russie, Turquie, ne survécurent pas à l'épreuve. Cependant, Pierre

Chaunu remarque : « Il y eut quelque chose de romain dans cette faible démocratie française qui connut, pendant la guerre, plusieurs crises ministérielles, mais tint le coup. » Quand on lit Genevoix, on se dit que jamais la qualité humaine des Français ne fut plus grande ; le travail des instituteurs avait porté ses fruits. Restait à gagner la paix.

Le traité de Versailles du 28 avril 1919 réorganisa le monde et créa la SDN, Société des Nations, préfiguration de l'ONU. Mais les États-Unis re-tournèrent à leur isolationnisme traditionnel. Le président Wilson, malade, se retira. L'Angleterre, elle, retourna à son Empire. La Pologne renaissait.

En apparence, la France triomphait. Elle recouvrait Strasbourg et Metz, héritait de colonies allemandes (Cameroun, Togo) ou ottomanes (Syrie et Liban). Notons que les Arabes du Proche-Orient, auxquels Lawrence avaient promis l'indépendance, s'estimèrent d'autant plus trompés que le foyer juif naissait en Palestine. L'armée française restait la seule armée sous les armes, alors que la Russie était entrée dans l'anarchie de la révolution marxiste et de la guerre civile.

Le traité de Versailles réorganisa le monde et créa la Société des Nations, préfiguration de l'ONU.

Mais l'Allemagne était à peine entamée. À l'exception de la Rhénanie, elle n'était pas occupée et perdait peu de territoire. L'armée y écrasait à Berlin la révolution communiste appelée « spartakiste » et tuait ses meneurs Liebknecht et Rosa Luxembourg. Et Clemenceau commit l'erreur fatale de supprimer l'empire d'Autriche qui maintenait la paix en Europe centrale depuis des siècles et faisait malgré tout contrepoids à Berlin. En se séparant, les Tchèques, les Slovaques, les Croates et les Hongrois allaient tomber sous la domination nazie puis communiste jusqu'en 1990. Quant à l'Autriche, par désespoir, elle se jettera dans les bras du Reich !

Le principe des nationalités poussé à l'absurde aboutissait au chaos. Clemenceau, le « père la victoire », n'avait pas l'esprit assez novateur pour dominer ses réflexes anti-Habsbourg. Malgré le traité de Versailles, l'Allemagne restait la plus grande puissance économique du monde. La France victorieuse était épuisée par une victoire que ses dirigeants ne surent pas exploiter. On pourrait adresser à Clemenceau ces mots, prononcés pour Hannibal par l'un de ses lieutenants :

« Tu sais vaincre, mais tu ne sais pas profiter de la victoire. »

CHAPITRE IX

LA COURSE À L'ABÎME

DE 1919 À 1940

La révolution russe d'Octobre 1917 avait ébranlé le monde. Pour Lénine, de son vrai nom Vladimir Ilitch Oulianov, la Russie n'était qu'une étape. Il était persuadé, en bon disciple de Marx, que la vraie révolution ne pouvait réussir que dans des pays industrialisés aux classes ouvrières nombreuses – France, Angleterre, Allemagne –, la Russie n'étant qu'une base de départ. À cet effet, il avait créé, en mars 1913, la troisième Internationale, ou Komintern, et suscité des révoltes partout où il le pouvait. En 1924, diminué par une congestion cérébrale, Lénine mourut. Staline, de son nom civil Iossif Vissarionovitch Djougachvili, lui succéda. Prenant acte de ces échecs, Staline renonça à exporter la révolution et inventa la théorie du « communisme dans un seul pays ». Cependant, il utilisa, au profit de l'URSS, les partis communistes qui s'étaient créés partout. Il chassa Trotski. Un moment réfugié en France où Malraux le rencontra, Trotski s'établit au Mexique. Un agent soviétique l'y assassina en 1940.

Il faut noter que le communisme n'eut guère de succès en France à ce moment-là. Au contraire, l'armée française de Weygand combattit les soviets et les chassa de la Pologne du maréchal Pilsudski.

Les temps de la Commune étaient bien finis : la classe ouvrière française avait réintégré la nation dans les tranchées par le coude à coude avec les bourgeois. De fait, la vie politique française, dominée par une majorité d'anciens combattants, la chambre « bleu horizon », restait calme. Seul fait digne d'être signalé : l'éclatement, à la suite des consignes de Lénine, du parti socialiste au congrès de Tours en décembre 1920 en deux organisations.

Apparut avec le parti communiste une nouvelle sorte de parti politique. Même la Montagne n'était pas un parti mais un groupe de députés inorganisés fascinés par Danton et Robespierre. Le Parti était une organisation quasi militaire, hiérarchisée, encadrée par des permanents, les « professionnels de la révolution ». Quand on disait « le Parti », sans adjectif, il ne pouvait s'agir que du parti communiste. Le Parti était peu important en France, mais admiré. C'était l'église d'une religion séculière, Marx, Lénine et Staline faisant office de nouvelle trinité et Moscou de ville sainte. Le soleil rouge de la révolution d'Octobre continuait d'éclairer les militants et rien ne put les en éloigner, même les désillusions de Gide au retour d'URSS (1936).

De 1919 à 1929, il y eut dans la France victorieuse une espèce de seconde « Belle Époque ». Celle de la radio, du cinéma parlant, du tour de France. Avec son épopée : celle de l'aéropostale, ligne d'aviation postale qui reliait Toulouse à Santiago du Chili en survolant le Sahara, l'Atlantique et les Andes où s'illustrèrent Mermoz, Guillaumet et Saint-Exupéry. Bientôt des lignes d'aviation régulières furent ouvertes.

Les femmes régnaient. Pendant la Grande Guerre, elles avaient su remplacer les hommes, partis au combat, et s'habillaient à la « garçonne » ; cheveux bouclés et jupe courte avaient remplacé les toilettes d'avant 1914.

La Bourse était prospère. La publicité commençait sa carrière magique. La France se croyait redevenue la première puissance du monde, avec sa forte armée. La république allemande de Weimar ne semblait pas dangereuse. Clemenceau était parti à la retraite… Ayant quitté l'Élysée mais devenu président du

Conseil, Poincaré cherchait à éponger les énormes dépenses de la guerre et à reconstruire les départements sinistrés du Nord et de l'Est. Édouard Herriot lui succéda à gauche, laquelle n'était séparée de la droite que par un anticléricalisme dépassé depuis les tranchées qui avaient vu « les curés sacs au dos ».

Une nouvelle génération politique s'installait : à droite, Laval, Flandin, Tardieu ; à gauche, Blum, Daladier, Chautemps.

À l'étranger, les deux événements principaux furent la prise du pouvoir en Italie par Benito Mussolini en 1922 et, la même année, la victoire de Mustafa Kemal Atatürk qui chassa un million de Grecs d'une Anatolie où ils vivaient depuis Homère et fonda la République turque laïque, imposant les caractères latins et interdisant le voile. Ces deux dictatures avaient des points communs : elles étaient socialistes mais nationalistes ; elles restaient cependant des dictatures « classiques », presque bonapartistes. Napoléon avait signé le concordat avec le pape, Mussolini signa de la même façon avec le Vatican les Accords du Latran qui, en 1929, mirent fin à la crise ouverte en 1870 par l'occupation italienne de Rome. Ils assuraient un État, minuscule mais souverain, à la papauté ! Ces accords sont toujours en vigueur aujourd'hui. Mussolini garda aussi la monarchie de Savoie. Cependant, il créa un mouvement idéologique, le fascisme, qui séduisit beaucoup de Français à droite, comme d'autres, à gauche, l'étaient par le communisme.

Léon Blum appliqua le New Deal à la France.

Le 24 octobre 1929, un coup de tonnerre éclata à Wall Street. La bulle spéculative américaine explosa. On connaît les raisons de cette déflagration : surévaluation des actifs, abus de crédit à la consommation, spéculation hasardeuse. Les faillites se multiplièrent.

Le commerce mondial s'écroula. La crise retentit fort en Allemagne, le plus développé des pays européens ; le Kreditanstalt de Vienne sombra. On compta bientôt six millions de chômeurs. La France, plus rurale, était moins touchée, toutefois la confiance dans le régime fut ébranlée. Le 6 février 1934, une émeute de droite, composée surtout d'anciens combattants, dégénéra en massacre sanglant place de la Concorde. Tentative de putsch ou explosion de colère ?

En réaction, un accord fut scellé entre le parti communiste, les radicaux et la SFIO. Le Front populaire ainsi constitué triompha aux élections d'avril-mai 1936, remportant 366 sièges sur 608, dans une atmosphère de grèves et d'allégresse. Léon Blum devint président du Conseil en juin. Aux États-Unis, Franklin Delano Roosevelt, un démocrate, avait su juguler la crise par son « New Deal ». En fait par une intervention massive de l'État dans les rapports sociaux et l'économie : grands travaux, discussions sociales encadrées. Roosevelt appliquait les théories de l'Anglais John Maynard Keynes. Depuis le New Deal et jusqu'à aujourd'hui, les États-Unis ne sont plus un pays totalement libéral, quoi que l'on dise.

Président du Conseil, Léon Blum appliqua le New Deal en France. Il conclut avec les syndicats les accords de Matignon le 7 juin 1936 (congés payés, conventions collectives). Ce fut un succès réel même si l'activité économique resta faible. Le Front « popu », avec ses ouvriers et ses ouvrières se rendant en tandem à Deauville, laissa un souvenir ému dans la mémoire populaire et effraya la bourgeoisie.

Le culte de la jeunesse est forcément nihiliste car les jeunes n'y peuvent avancer dans la vie qu'à reculons.

En Allemagne, la crise eut des conséquences funestes. Pour en sortir, le vieux président Hindenburg nomma comme chancelier Adolf Hitler, chef d'un parti d'extrême droite, le parti nazi (pour « national-socialisme »). Sur le plan économique avec son ministre de l'Économie Schacht, Hitler ne pratiqua pas une politique différente de celles qui avaient réussi à Paris et à Washington : grands travaux, crédits, etc. Le chômage disparut.

Mais le parti nazi apportait avec lui une idéologie effrayante. Hitler détestait les Juifs. Les Juifs allemands, les plus allemands des Allemands, durent s'enfuir (parmi lesquels le génie du siècle, Einstein). Partout dans le monde européen, on se disait rationaliste. Or, Hitler exalta l'instinct contre la raison et fit brûler les livres… De toutes parts on prétendait faire le bonheur de l'humanité. Hitler, lui, voulait la domination des Allemands, la « race des seigneurs », sur l'humanité.

Le nazisme pensa l'adolescent comme modèle indépassable. Il voulut faire de la jeunesse l'apogée de la vie (on peut voir dans le « jeunisme » contemporain un héritage caché du nazisme). Le culte de la jeunesse est forcément nihiliste car les jeunes n'y peuvent avancer dans la vie qu'à reculons. Le communiste Nizan a raison de « ne reconnaître à personne le droit de dire que vingt ans est le plus bel âge de la vie ». L'écrivain français Robert Brasillach, talentueux mais « ado » prolongé, fut au contraire fasciné par les liturgies païennes du nazisme avec leurs feux de camp, les croix gammées, les oriflammes claquant dans la nuit – « le fascisme immense et rouge » et ses « cathédrales de lumière », écrivit-il.

Reste à comprendre comment cette religion de la haine a pu abuser les Allemands, l'un des peuples les plus civilisés de la Terre ? Car il faut admettre que le chancelier Hitler fut porté par une immense vague de popularité, chez les jeunes en particulier ; la répression, les camps, le parti unique (comme en URSS) n'expliquent pas seuls cette adhésion forte, que l'on a tendance à oublier aujourd'hui.

Hitler recombinait les éléments glanés çà et là pendant sa vie : du socialisme, du léninisme, du mysticisme hindouiste, de la parapsychologie, du racisme ; un fou, certes, mais un fou efficace !

L'adhésion du peuple allemand à cette doctrine fumeuse et violente reste un mystère. Du marxisme disparu, il reste des textes discutables mais intelligents. De *Mein Kampf*, le livre qu'Hitler rédigea en prison, que reste-t-il ? Adolf Hitler avait annoncé dans *Mein Kampf* ce qu'il avait l'intention de faire ; les dirigeants français ne le crurent pas. Ce qu'Hitler écrivait était incroyable pour l'esprit raisonnable de nos politiciens.

La France, emplie depuis Verdun d'une fierté légitime, ne prenait pas au sérieux l'Allemagne, vaincue en 1918, encore moins son Führer… Pourtant, le chef nazi avait relancé la machine de guerre allemande, mise en sommeil par le traité de Versailles. Il avait osé rétablir en Allemagne le service militaire obligatoire alors que Versailles ne permettait au Reich qu'une petite armée de métier. Ces deux violations du traité de paix n'inquiétèrent nullement nos politiciens, absorbés par leurs problèmes de circonscription électorale. Devant cette absence de réaction française, Hitler alla donc plus loin. Le traité de Versailles avait démilitarisé la rive gauche du Rhin, la Rhénanie. Le 7 mars 1936, Hitler envoya quelques régiments la réoccuper jusqu'à la frontière française.

Si Paris avait réagi en dépêchant des troupes sur le Rhin, le Führer aurait été obligé de reculer.

Berlin était néanmoins très inquiet. À ce moment précis, la Wehrmacht comptait cent mille soldats seulement et l'armée française en maintenait sept fois plus sous les armes. Si Paris avait réagi en dépêchant des troupes sur le Rhin, le Führer aurait été obligé de reculer. Il se serait même ridiculisé et les dictateurs résistent à tout sauf au ridicule. Le gouvernement français déclara que jamais il ne laisserait « Strasbourg à portée des canons allemands » mais, après cette déclaration martiale, il ne fit rien, et le ridicule retomba sur lui. Il ne fit rien parce que les Anglais, obsédés par Anvers, ne se souciaient pas de Strasbourg. On voit surgir là une idée démoralisante, toujours àla mode aujourd'hui : la France ne peut, ne doit rien faire toute seule. La diplomatie tend certes à éviter l'isolement mais il y a des moments où l'adage « Aide-toi, le ciel t'aidera » s'applique.

> **On vit surgir en 1936, une idée démoralisante, toujours à la mode aujourd'hui, la France ne peut rien faire toute seule.**

Il est certain que, si Paris avait réagi en mars 1936, Hitler aurait été renversé. La Seconde Guerre mondiale n'aurait pas eu lieu !

L'année d'avant, Mussolini avait envahi l'Éthiopie, seul état vraiment indépendant d'Afrique. Les Éthiopiens avaient battu les Italiens à Adoua au XIXe siècle – le Duce voulait effacer ce souvenir pénible. L'armée fasciste n'eut cette fois guère de mal à triompher des guerriers Amhara. Le négus Hailé Sélassié s'enfuit plaider sa cause à la SDN. Le roi d'Italie fut proclamé empereur d'Éthiopie à sa place.

Le gouvernement français était embarrassé. PeVingt-deux ans avant, ses propres troupes avaient fait la même chose au Maroc, l'exposition coloniale qui glorifiait l'Empire fut présidée à Paris en 1931 par Lyautey, le conquérant du Maroc. Évidemment, la mode avait changé. Mussolini ne l'avait pas compris. La France approuva les sanctions votées par la SDN. Il aurait suffi aux Anglo-Français, propriétaires du canal de Suez, de le fermer pour que l'expédition italienne de 1935 ne puisse pas avoir lieu. Ils ne le firent pas !

> **Les Français ne désiraient pas la guerre, mais les Allemands non plus, tout favorables à Hitler qu'ils fussent...**

Leurs sanctions hypocrites eurent pour effet de vexer l'Italie, jusque-là réticente au nazisme (le fascisme, dictature classique, bridée par la monarchie et la papauté, n'avait rien à voir avec le nazisme, même si aujourd'hui on utilise le mot « fascisme » pour stigmatiser le nazisme). L'« Axe » Rome-Berlin fut conclu en octobre 1936.

Avant même sa conclusion, au mois de juillet 1936, année décidément fatale à la France, la guerre civile avait éclaté en Espagne. Un général putschiste, Franco, souleva ses troupes contre la République espagnole, à la suite d'élections qui, comme en France, avaient vu le succès électoral d'un Front populaire, le « Frente Popular ».

L'Espagne fut coupée en deux : l'ouest aux Putschis-tes, l'est, avec Madrid et Barcelone, à la République. Immédiatement, Hitler et Mussolini soutinrent Franco. Hitler envoya ses avions bombardiers et le Duce des divisions italiennes. On aurait pu croire que Léon Blum et son gouvernement allaient soutenir leurs camarades espagnols. Lâchement, ils n'en firent rien, se contentant de leur faire passer des armes et quelques avions. C'est ainsi qu'André Malraux, qui venait de recevoir le prix Goncourt, ami de Jean Moulin, du cabinet du ministre de l'Air Pierre Cot, se retrouva chef de l'escadrille *España*. Il ne savait pas piloter mais montait bravement dans les avions et en tira un livre magnifique, *L'Espoir*.

La guerre d'Espagne fut sanglante parce que chaque camp incarnait une vision du monde inconciliable avec celle de l'autre : le fascisme et le communisme. En effet, devant la carence de Blum, l'URSS avait pu prendre en main les républicains espagnols, envoyant à leur secours ses fameuses « brigades internationales », communistes, en fait. Beaucoup d'intellectuels européens s'engagèrent dans l'un ou l'autre camp, tels Hemingway ou Bernanos. C'était encore le temps où les intellectuels se battaient au lieu de faire les stars à la télévision.

Toujours en 1936, en novembre, l'Axe conclut un pacte avec le Japon. Le gouvernement français, abrité derrière la ligne fortifiée dite « ligne Maginot » ne voulait rien voir. L'aveuglement des dirigeants français de l'époque, qu'ils fussent de droite ou de gauche, est incroyable. Certes, après la terrible saignée de 1914-1918, les Français ne désiraient pas la guerre, mais les Allemands non plus, tout favorables à Hitler qu'ils fussent…

À leur décharge, ils ne furent pas les seuls à fermer les yeux. Les Anglais ménageaient ostensiblement l'Allemagne, englués qu'ils restaient dans leur vieille méfiance de la France. Quant à l'Amérique, elle était fascinée par le Führer avec lequel ses entrepreneurs (Kennedy père, la firme IBM) faisaient de fructueuses affaires ; le grand aviateur Lindbergh était même pronazi. En 1936, le duc de Windsor, détrôné pour avoir voulu épouser une divorcée américaine et remplacé en décembre par son frère, George VI, l'était aussi.

Le nazisme connut son apogée le 12 septembre 1938, dans la nuit des croix gammées de Nuremberg.

Devant la passivité des démocraties, Hitler décida, le 12 mars 1938, d'annexer l'Autriche. Les Autrichiens, rendus amers par la chute de leur Empire en 1919, étaient d'ailleurs favorables à l'« Anschluss », qui ne fut qu'une promenade militaire. Paris se contenta de protestations platoniques.

Le nazisme connut son apogée le 12 septembre 1938, dans la nuit des croix gammées de Nuremberg, qui impressionna si fort le pauvre Brasillach. Le Front populaire avait quitté le pouvoir. Les radicaux et les modérés qui lui succédèrent en juin 1938 avec le ministère Daladier-Reynaud ne furent pas plus courageux. Paul Reynaud écoutait cependant d'une oreille attentive son conseiller militaire, le colonel de Gaulle, qui le poussait à doter la France d'une armée blindée à l'instar de l'Allemagne. Mais il y a loin des bonnes idées aux actes. Comme chacun le sait, « l'enfer est pavé de bonnes intentions ».

Sans tarder, Hitler prépara un nouveau coup. L'Autriche annexée, la Bohême s'enfonçait comme un coin au cœur du nouveau Reich. Créé par Clemenceau en 1919, cet état très avancé et industriel à l'époque disposait d'une bonne armée et de fortifications imprenables dans les monts de Bohême. Par malheur, ces montagnes étaient habitées par des populations de langue allemande, les Sudètes. Hitler, manipulant le droit des peuples à disposer d'eux-mêmes, décida de rattacher les Sudètes, d'ailleurs consentants, au Reich. Le hic était que, sans la protection de ses montagnes, la Tchécoslovaquie n'est plus qu'une tortue sans carapace.

On doit stigmatiser la lâcheté de Chamberlain et de Daladier mais aussi celle des Tchèques.

Mussolini proposa la tenue d'une conférence à Munich. Le 30 septembre 1938, Hitler et Mussolini y rencontrèrent le Premier ministre britannique, Chamberlain, et le président du Conseil français, Daladier. Ceux-ci cédèrent. La Wehrmacht put occuper les fortifications de Bohême.

On doit ici stigmatiser la lâcheté de Chamberlain et de Daladier mais aussi celle des Tchèques qui ne tirèrent pas un coup de fusil pour se défendre. Ils l'auraient pu, sur leurs montagnes, pendant des semaines, déclenchant ainsi la guerre en 1938, à une époque où les Allemands n'étaient pas encore prêts.

En France, il y eut un « lâche soulagement », selon les mots de Léon Blum (mais il n'avait pas fait mieux en 1936). Alors que son avion, revenant de Munich, se posait au Bourget, Daladier aperçut une foule immense. Il pensa que l'on voulait le lyncher : on l'applaudissait ! Descendant de son avion, il marmonna : « Les cons ! » En effet, ce faible était lucide. Après Munich, les plus réticents des Allemands se rallièrent au Führer. Comment résister à un homme qui gagne systématiquement, sans tirer un coup de feu ?

Tous les dirigeants français et anglais pratiquaient en 1938 le slogan obscène qui sera celui des Verts allemands beaucoup plus tard : « Plutôt rouges (c'est-à-dire esclaves) que morts. »

De Gaulle, conseiller de Reynaud, enrageait. Un seul homme d'État, britannique, sauva l'honneur en lançant à la Chambre des communes cette apostrophe célèbre : « Vous avez accepté le déshonneur pour éviter la guerre. Vous avez le déshonneur, mais vous aurez la guerre. » C'était Winston Churchill, alors dans l'opposition.

En France, il y eut un « lâche soulagement »

De fait, le 15 mars 1939, Hitler annexa ce qui restait de Tchécoslovaquie et, le même mois, Franco entrait en vainqueur à Madrid…

La politique militaire française, celle du maréchal Pétain, tout puissant à l'état-major, était aussi absurde que la politique étrangère. Elle datait des tranchées de 1914.

Observant depuis le Kremlin cette lâcheté, Staline se décida alors à faire alliance avec Hitler. Ce fut le pacte germano-soviétique du 29 août 1939. Des milliers de militants français quittèrent le Parti, dégoûtés. Mais Hitler avait les mains libres à l'est. Précisément, entre son nouvel allié et lui, subsistait une tache, la Pologne. Il fallait se la partager. Le 1er septembre, les armées allemande et soviétique y entraient, chacune de leur côté. À la surprise d'Hitler qui n'attendait plus aucun réflexe de dignité d'elles, l'Angleterre et la France déclarèrent la guerre à l'Allemagne ! La Seconde Guerre mondiale avait commencé.

Cela ne sauva pas la Pologne. Varsovie capitula le 26 septembre. L'armée française était restée inerte, derrière sa ligne Maginot. Pétain était à ce moment ambassadeur à Madrid, près de Franco. Mussolini était encore neutre, malgré l'Axe, regardant de quel côté tournerait le vent. Le général en chef Gamelin, imbécile diplômé, réfléchissait, inactif, dans son PC de Vincennes. On s'attendait à une attaque allemande foudroyante, elle ne se produisit pas. Pendant sept mois, rien ne se passa. On appela cela la « drôle de guerre ».

Pourquoi ? Nous le savons aujourd'hui : les généraux allemands, pour la première fois, s'opposaient à leur Führer. Ils gardaient un souvenir terrible des poilus de Verdun qu'ils avaient combattus en tant que jeunes officiers et craignaient l'armée française. Hitler mit sept mois à les convaincre.

La dislocation de l'armée française en mai 1940 frappa le monde de stupeur. La France passait toujours et partout pour la nation militaire par excellence. Celle de Condé, de Napoléon, de la Marne. Les Américains envoyaient les meilleurs de leurs officiers à l'école militaire de Paris. Son anéantissement produisit partout un effet de sidération. Même Hitler fut surpris jusqu'à danser de joie. Roosevelt en resta bouche bée pendant des heures, se refusant d'y croire.

L'armée française de 1940 fut combattue par le génie du commandement allemand opposé à la profonde bêtise des chefs français.

On en conclut que les soldats français avaient perdu les vertus de Verdun, qu'ils s'étaient montrés lâches ! On connaît la phrase ignoble de Céline pour résumer la drôle de guerre et la débâcle : « Neuf mois de belote, six semaines de course à pied. »

On sait aujourd'hui que cette explication, qui pèse encore sur la conscience française, est fausse. Les armées allemande et française se valaient. Les deux comprenaient un noyau dur : un corps de bataille bien équipé d'environ un million d'hommes. L'emploi des chars était différent : regroupés en « panzers » chez les Allemands, dispersés chez les Français (où, cependant, les idées du général de Gaulle s'imposant *in extremis*, on venait de constituer quatre divisions blindées, contre onze chez l'ennemi).

Mais les forces restaient égales : les Allemands avaient les panzers, les Français, la ligne Maginot et, au-delà d'elle, leur corps de bataille. Les forces aériennes franco-anglaises égalaient la Luftwaffe, ce que la bataille d'Angleterre démontrera. Quant à la marine, les Alliés dominaient. Le courage des soldats était semblable et, de part et d'autre, la campagne fit des dizaines de milliers de morts.

L'armée française de 1940 ne fut pas indigne. Elle fut battue par le génie du commandement allemand opposé à la profonde bêtise des chefs français. Nous avions pourtant déjà dans nos rangs les De Gaulle, Juin, de Lattre, mais c'étaient les ganaches qui commandaient. Hitler, lui, avait confié le commandement à ses jeunes généraux, les Rommel, Guderian, etc.

D'abord, le piège : ils attirèrent le corps de bataille français vers Liège à deux cents kilomètres au Nord par un lâcher de parachutistes.

Ensuite, la surprise : les panzers groupés forcèrent la forêt des Ardennes, où le vieux Pétain avait annoncé que les chars ne pouvaient pas passer. En face d'eux, les Français étant partis en Belgique, il n'y avait plus rien. En quelques jours, les panzers atteignirent la Manche, coupant le corps de bataille franco-anglais de ses bases.

Le colonel de Gaulle mena un combat désespéré devant Montcornet et Abbeville avec une division blindée improvisée, mais en vain.

Le corps expéditionnaire se rembarqua, laissant ses armes sur place, à Dunkerque vers l'Angleterre. À ce moment, voyant la chance tourner, Mussolini déclara la guerre à la France : « coup de poignard dans le dos ».

Winston Churchill, Premier ministre anglais depuis le 10 mai, déclara aux communes qu'il n'avait « que du sang et des larmes » à offrir. Paul Reynaud, président du Conseil depuis mars, fit entrer De Gaulle dans son cabinet, mais en y faisant entrer aussi le vieux Pétain rappelé de Madrid…

Gamelin destitué, Weygand mena sur la Somme un combat pour l'honneur. Le 14 juin 1940, la Wehrmacht défilait sur les Champs-Élysées.

Quant aux civils français, ils étaient partis vers le sud pour fuir l'envahisseur. Le plus grand exode de l'histoire : quinze millions de personnes sous les bombardements terroristes des stukas. Le 17 juin, tout s'arrêta. Paul Reynaud, découragé, démissionna. Le président Lebrun désigna Pétain comme président du Conseil. Le général de Gaulle, prétextant une vague mission, s'enfuit à Londres.

Le maréchal n'avait rien compris au nazisme et se croyait encore en 1870. Dans deux discours prononcés, presque en même temps, à la radio, le vieux maréchal et le jeune général tirèrent de la défaite une leçon opposée : Pétain parlait depuis Bordeaux où le gouvernement s'était réfugié. De Gaulle s'exprimait depuis Londres où Churchill n'avait pas craint de lui offrir le micro de la BBC.

Pétain accusa le peuple, reprenant les arguments de Céline qu'il n'avait pas lu (il ne lisait rien), d'avoir mal combattu et trop joui. Or, c'était lui, par sa stratégie inepte, le responsable de la défaite. En réalité, Pétain n'aurait jamais dû dépasser le niveau qu'il avait atteint avant 1914, où il devait prendre sa retraite : celui d'un colonel brave mais borné.

Le 18 juin, De Gaulle souligna l'incapacité et la nullité des généraux de l'armée

De Gaulle au contraire, le 18 juin, souligna l'incapacité et la nullité des généraux de l'armée (« des chefs incapables »). Mais il en appela à la Résistance (le mot vient de lui) : « La flamme de la Résistance française ne doit pas s'éteindre. »

Le 26 juin, à un nouveau discours de Pétain justifiant la

capitulation, De Gaulle répliqua vertement: « La défaite! À qui la faute, monsieur le maréchal, vous qui étiez la plus haute personnalité militaire, avez-vous jamais soutenu, demandé la réforme indispensable de ce système militaire absurde? Ah, pour signer cet armistice d'asservissement, on n'avait pas besoin du vainqueur de Verdun. N'importe qui aurait suffi! »

Et comme Pétain prêchait la soumission, De Gaulle répondit que « la France ne se relèvera[it] pas sous la botte allemande. Elle ne se relèvera[it] que dans la victoire! ». Comme De Gaulle le comprit et l'écrivit plus tard, lui qui avait servi le maréchal longtemps avant, ces admonestations étaient vaines.

Le mépris du peuple sert toujours d'excuse aux dirigeants défaillants

Chez Pétain, « l'âge par-dessous l'enveloppe avait rongé le caractère. La vieillesse est un naufrage et, pour que rien ne nous fût épargné, il fallait que la vieillesse de Pétain s'identifie avec le naufrage de la France. » Ces appels du général ne furent entendus que par quelques milliers de personnes, les Français n'ayant pas encore l'habitude d'écouter la BBC.

Dans le pays régnait le terrible chaos de l'exode.

Le parti communiste, qui aurait pu canaliser cette anarchie, n'avait pas résisté au pacte germano-soviétique.

Les notables étaient soulagés par la cessation des combats. Beaucoup d'entre eux, ceux d'extrême droite, célébraient même la « divine surprise » de la défaite, mot qui souillera à jamais la mémoire de Maurras.

Le 1er juillet, Pétain installa le gouvernement à Vichy où il avait convoqué le Parlement. Il obtint les pleins pouvoirs le 10 de ce mois. Mais ces « pleins pouvoirs » n'avaient pour but que de parer au plus pressé.

Le 11 juillet, le maréchal perpétra un véritable coup d'État: il dispersa les assemblées, proclama l'« État français » dont il se déclara le chef et président du Conseil. Il nomma Laval, le plus défaitiste et pro-allemand de tout le personnel politique, vice-président. Entouré de généraux vaincus, d'amiraux qui n'avaient pas combattu et qui ne voulaient en aucun cas admettre leurs erreurs, le gouvernement de l'armistice, sans vergogne, rejetait sur le peuple la honte de la défaite.

Le mépris du peuple sert toujours d'excuse aux dirigeants défaillants.

L'expédition des affaires courantes, après une débâcle militaire, aurait pu être admise. La faute de Pétain (et de l'extrême droite) fut de croire qu'il pouvait profiter de la défaite pour accomplir une révolution nationale d'extrême droite sous la botte de l'ennemi. Que l'on pense du bien ou du mal des idées maréchalistes, ce n'était pas le moment !

CHAPITRE X

L'HONNEUR RETROUVÉ

DE 1940 À 1946

Après la chute de la France, l'Angleterre resta seule en face des puissances de l'Axe : Allemagne, Italie, Japon. Mais elle n'était plus gouvernée par les défaitistes du 10 mai. Winston Churchill, gentleman de soixante-six ans, était devenu Premier ministre, bien décidé « pour l'honneur de l'Angleterre » à ne pas déposer les armes. Dès le 13 mai, dans un fameux discours (dit « du sang et des larmes »), il avait annoncé aux Anglais qu'il allait continuer le combat et se hâta d'éloigner le duc de Windsor, le roi détrôné connu pour ses sympathies nazies, aux Bahamas.

Venu plusieurs fois en France pour rencontrer Reynaud, il avait fait la connaissance du sous-secrétaire d'État à la Guerre, Charles de Gaulle, et l'avait apprécié, c'est pourquoi il n'avait pas hésité à lui donner le micro de la BBC le 18 juin. La France de l'armistice l'inquiétait. Dans la ville d'eau de Vichy et ses hôtels, vides de curistes, le gouvernement du maréchal Pétain s'était établi après avoir supprimé la République, dirigé par Pierre Laval entouré de militaires vaincus, d'amiraux outrecuidants et de citoyens abusés.

Cependant, à ce moment précis, Philippe Pétain, quatre-vingt-quatre ans, restait populaire et, malgré tout, légal. Hitler lui avait fait de nombreuses concessions apparentes : le maintien d'une zone libre, la liberté de l'Empire (celle-ci ne coûtait guère au Führer : sans marine, impossibilité de traverser la Manche, il était donc incapable de conquérir l'Empire), la non-confiscation de la flotte de l'amiral Darlan, basée à Toulon.

Mais Churchill n'avait aucune confiance en Vichy sur ce point. La flotte française, la meilleure depuis Louis XVI (si Darlan ne savait pas se battre, il avait su capter les crédits), représentait une menace terrible pour l'Angleterre. Ne pouvant atteindre Toulon, la Royal Navy réussit à en couler une partie le 3 juillet à Mers el-Kébir, acte inouï de la part de l'alliée de la veille et qui scandalisa les Français.

Le chancelier allemand n'avait pas fait de concessions par grandeur d'âme mais par réalisme : la France, pays immense à l'échelle européenne, était un morceau difficile à digérer pour l'armée allemande, d'où l'empressement qu'Hitler mit à y installer un gouvernement à sa main. Pétain permit à l'Allemagne de considérer la France comme une base arrière pour la Wehrmacht – d'en piller les richesses agricoles et industrielles pour la guerre allemande. Il dispensa la Kriegsmarine et la marine italienne de se mesurer à la marine française, qui aurait été redoutable si elle avait combattu. Sa responsabilité sur ce point est écrasante.

Le général de Gaulle, à ce moment héraut de la Résistance, n'avait pas autour de lui, à Londres, plus de quatre mille ralliés...

Le général de Gaulle, à ce moment héraut de la Résistance, n'avait pas autour de lui, à Londres, plus de quatre mille ralliés...

La France semblait avoir pris congé de l'histoire.

Cependant, au mois de juillet, Hitler hésitait. Il admirait l'Empire britannique. Dans son échelle de valeurs racistes, les Anglais lui semblaient proches des Aryens. Le chancelier était tenté par un deal : « À eux la mer, à nous la Terre », que beaucoup de notables anglais auraient pu accepter. Mais Winston Churchill était un « gentleman ». L'écrivain Albert Cohen, qui le rencontra alors, le décrit ainsi : « vieux comme un prophète, beau comme un génie et grave comme un enfant ». L'« honneur », notion incompréhensible pour le chef nazi, lui interdisait ce compromis.

Hitler se résigna donc à déclencher la bataille d'Angleterre, qui dura du 13 août au 12 octobre. Il demanda à la Luftwaffe d'écraser la RAF. Sans avions, les Anglais ne pourraient couvrir leurs navires. Sans navires, ils n'auraient pas pu s'opposer à un débarquement allemand sur leur île où ils n'avaient, depuis Dunkerque, plus d'armée organisée.

La RAF gagna la bataille aérienne. Écrasé de bombes, le peuple Anglais tint bon. Le RAF perdit neuf cents avions, mais les Allemands, mille chasseurs et plusieurs milliers de bombardiers. Invention récente, le radar fut un atout décisif et aussi la valeur des pilotes de sa Majesté : « *Never in the field of human conflicts, was so much owed by so many to so few* » – « Jamais dans le champ des conflits humains, autant durent leur salut à aussi peu » –, dit Churchill dans un raccourci fameux. Dans une France coupée en plusieurs morceaux, les réfugiés rentraient chez eux sous la botte allemande. L'Alsace-Lorraine et le département du Nord étaient annexés de fait par le Reich. Mais les Français restaient pétainistes ; ils savaient gré au vieux maréchal d'avoir conjuré le chaos.

Cependant, la défaite aérienne allemande leur rendit l'Angleterre sympathique et leur fit oublier Mers el-Kébir. Surtout, un événement leur ouvrit les yeux : le 24 octobre 1940, le maréchal Pétain, à Montoire, rencontra le chef nazi et entra dans la voie de la collaboration. Cette fameuse poignée de main, dont la photo fut abondamment diffusée par la Propagandastaffel, eut un effet dévastateur pour le maréchal. Voir le « vainqueur de Verdun » serrer la main d'Adolf Hitler fut insupportable aux Français. Ni Pétain ni Hitler ne le comprirent : Pétain parce qu'il était déjà sénile et confondait, on l'a dit, Hitler et Guillaume II ; Hitler parce que, s'il connaissait la psychologie des foules allemandes, il ignorait tout de l'esprit des Français.

Dès lors, l'adhésion disparut très vite. Certes, le vainqueur de Verdun resta respecté presque jusqu'à la fin, mais le gouvernement de Laval sera détesté, ainsi que les Allemands. Les notables, éperdus de servitude et de collaboration, furent une minorité. On commença à écouter les émissions françaises de la BBC et les discours du général de Gaulle. On disait : « Pétain mollit trop » (dans le métropolitain). On répétait les slogans de Londres : « Radio Paris ment, Radio Paris ment, Radio Paris est allemand. »

Rappelons que les gens de Vichy ne seraient jamais arrivés au pouvoir par une élection. Ils représentaient l'extrême droite traditionnelle, autour de dix pour cent du corps électoral, et les dernières élections libres étaient celles du Front populaire. Osons poser une question plus fondamentale : en juin 1940, y avait-il un autre choix que l'armistice après la défaite de l'armée ? Non, affirment les partisans de Pétain. L'historien peut assurer le contraire.

Imaginons que le président du Conseil Paul Reynaud ait été un homme de caractère. Il aurait pu transporter le siège de la République à Alger, alors préfecture française. L'Assemblée, le Sénat, le président Lebrun, la flotte de combat, les grandes écoles, l'aviation (les aviateurs rallièrent d'eux-mêmes l'Afrique du Nord, c'est Vichy qui les en fit revenir), quelques régiments que l'on pouvait encore faire sortir de France, ou déjà repliés en Angleterre (les chasseurs alpins et la légion).

En Algérie, l'armée d'Afrique étant déjà sur place, les chances de la poursuite des combats étaient grandes. À Alger, la France gardait des atouts que Vichy gaspilla : une armée coloniale, une magnifique marine, un empire immense. Franco, fasciste mais prudent, avait refusé le passage à l'Allemagne et, comme le prouvera la suite, l'Italie était un « tigre de papier » en Libye. Certes, les Allemands auraient occupé toute la France et il n'y aurait pas eu de zone libre. D'ailleurs, l'occupation totale ne fut repoussée que de deux ans. Traités comme les Belges ou les Hollandais, les Français n'auraient pas été plus malheureux. Ils auraient été moins divisés. La France serait restée en ligne pour la victoire finale. C'est en outre ce que réussira De Gaulle trois ans plus tard mais avec des forces réduites et un crédit entamé face aux alliés. Car Vichy, qui jamais ne tira un coup de feu contre les Allemands, fera trois fois la guerre aux Alliés : en septembre 1940 à Dakar, au printemps 1941 en Syrie et en novembre 1942 en Afrique du Nord, tuant des milliers de GI, sans parler des Français libres.

Si autour du général en 1940 il n'y avait pas grand monde, on y trouvait des Français de tous les horizons : catholiques et israélites, athées et francs-maçons, de droite comme de gauche.

À la décharge de Pétain, il fallait l'intelligence visionnaire d'un De Gaulle pour comprendre, dès juin 1940, que les Allemands perdraient la guerre car « cette guerre est une guerre mondiale dans laquelle des forces immenses n'ont pas encore donné », disait-il.

En attendant, le général réfugié à Londres signait un accord avec les Anglais et essayait de s'assurer dans l'Empire une base territoriale. Repoussé à coups de canon par les vichystes devant Dakar, il put rallier, avec quelques fous héroïques comme le capitaine de cavalerie de Hauteclocque, évadé de France qui se fit appeler Leclerc, l'Afrique équatoriale française et les îles du Pacifique.

Ce fut une folle épopée. Comme De Gaulle, en janvier 1945, disait à Leclerc : « Tout ce qui est exagéré est insignifiant », Leclerc lui rétorqua : « C'est faux, mon général. Tout ce que nous avons fait de grand ensemble était exagéré et déraisonnable ! »

Remarquons que si autour du général en 1940 il n'y avait pas grand monde, on y trouvait des Français de tous horizons : catholiques et israélites, athées et francs-maçons, de droite comme de gauche. Un grand gaulliste, Pierre Brossolette, avait été l'éditorialiste du journal socialiste *Le Populaire*. Un gouverneur des colonies noir, Félix Éboué, fut l'artisan du ralliement du Tchad. D'Estienne d'Orves venait de l'Action français et Jean Moulin de la gauche. À Londres, la chance de De Gaulle fut d'avoir été compris par Winston Churchill qui le protégea, l'admira et le détesta tout à la fois.

L'Empire britannique restait seul mais, dès le début de 1941, les Français libres lui apportaient un soutien, limité militairement, mais symboliquement fort : ainsi la prise de Koufra en Libye par Leclerc, parti du Tchad en mars 1941.

Mussolini, depuis l'Albanie, alors possession italienne, avait voulu envahir la Grèce en octobre 1940. Battu par les Grecs, il sollicita l'aide d'Hitler en janvier 1941. Celui-ci lui envoya Rommel en Libye (l'Afrika Korps) qui repoussa les Anglais. Le Führer fit envahir le Yougoslavie et la Grèce en mai. Les parachutistes hitlériens sautèrent sur l'île de Crète et s'en emparèrent malgré des pertes considérables. La Méditerranée n'était plus sûre pour la Navy. Seul succès anglo-gaulliste, la reconquête difficile en mai 1941 de la Syrie et du Liban contre les vichystes du général Dentz. Les Allemands semblaient invincibles. En France, les gens de Vichy se félicitaient de leurs choix. Les États-Unis misaient d'ailleurs sur Vichy et y maintenaient leur ambassadeur.

Si, en dépit de querelles violentes, Churchill pouvait comprendre De Gaulle, Roosevelt, puritain WASP, en fut incapable. D'ailleurs, à cette époque, les États-Unis restaient obstinément neutres, Roosevelt ayant été réélu sur le slogan « il nous gardera en-dehors de la guerre » : « *He kept us out of the war.* » Cependant, le décor du monde changea brutalement.

Le 22 juin 1941, le Führer déclencha l'opération Barbarossa et envahit l'URSS. Ceux qui avaient lu *Mein Kampf* (dont De Gaulle) savaient qu'il le ferait mais Staline fut pris au dépourvu. Les trains russes emplis de blé et de pétrole continuaient, le jour de l'invasion, à rouler vers l'Allemagne. Le pacte germano-soviétique n'avait été qu'un leurre.

Comme l'armée française un an plus tôt, l'Armée rouge fut complètement écrasée. L'immensité seule sauva la Russie dont Clausewitz dit qu'elle est « inconquérable ». Déprimé, Staline se taisait. Quand il parla enfin à la radio, il n'invoquait plus le communisme mais la sainte Russie. Un accord tacite liait le Japon et l'URSS, accord qui fut respecté presque jusqu'à la fin. Staline, sachant que Tokyo ne l'attaquerait pas, put arrêter les panzers en décembre dans la banlieue de Moscou.

Mais déjà la guerre avait changé de face, ailleurs.

Le 7 décembre 1941, sans déclaration de guerre, le Japon anéantit la flotte américaine rassemblée à Pearl Harbor, aux îles Hawaï. Roosevelt fut tout autant pris au dépourvu que Staline. Mais les États-Unis, en péril de mort, ne pouvaient pas faire autrement que se défendre.

La scène avait changé. L'Angleterre n'était plus seule. Alliés de circonstance, l'Empire britannique, l'URSS et les États-Unis faisaient face aux puissances de l'Axe, à la seule exception de la neutralité maintenue entre l'URSS et le Japon.

Le Japon envahit toute l'Asie du Sud-Est.

Sur sa lancée, l'Allemagne, ayant repris l'offensive en Russie, atteignit la Volga. En Libye, elle envahit l'Égypte.

En juin 1942, Rommel était bloqué à El-Alamein. Les Français libres avaient joué un rôle important à Bir Hakeim.

Hitler prit la décision de massacrer tous les Juifs se trouvant à sa portée. À la conférence de Wannsee, les nazis avaient décidé d'appliquer la « solution finale », la « shoah ». Vichy, à sa honte, consentit à faire organiser par la police restée à ses ordres les rafles de Juifs, dont celle, funeste, du Vél'd'Hiv à Paris. Paradoxalement, ces événements n'avantagèrent pas De Gaulle, tant le président Roosevelt, circonvenu par un entourage favorable à Vichy, lui était hostile. Quand, le 8 novembre 1942, les Américains débarquèrent en Afrique du Nord française, et bien que Vichy leur ait fait tirer dessus, ils firent affaire avec l'amiral Darlan, représentant du maréchal.

En réplique, Hitler envahit la zone libre. Si jusque-là le gouvernement de Vichy pouvait se prévaloir d'une base légale, il n'en avait plus aucune après la rupture de l'armistice par les Allemands, aggravée par le sabordage de la flotte française à Toulon. Si Pétain avait alors gagné Alger, ou du moins démissionné avec éclat, il aurait pu garder son honneur. Il ne le fit pas et perdit tout soutien populaire, d'autant plus qu'avec le STO (Service du Travail Obligatoire), les Allemands envoyaient les jeunes Français travailler en Allemagne.

Malgré son caractère improvisé et des pertes sévères dues à la Gestapo, la Résistance tenait grâce au soutien populaire.

La Résistance, née pratiquement en 1940 mais très minoritaire, trouva dans les réfractaires au STO des troupes nombreuses. Elle était déjà structurée en mouvements, dont trois principaux : Combat, d'Henri Frenay, officier d'active ; Libération, avec d'Astier de la Vigerie, un aristocrate ; Franc-Tireur, avec Jean-Pierre Lévy, plutôt de gauche.

Malgré son caractère improvisé et des pertes sévères dues à la Gestapo, la Résistance tenait grâce au soutien populaire.

Le risque des réseaux est de se faire la guerre entre eux,

tellement l'esprit de corps y est fort. Ainsi dérivèrent les Yougoslaves (Tito contre Mihailović) ou les Grecs (communistes contre les royalistes). Le grand mérite de De Gaulle est d'avoir évité cela en fédérant les mouvements sous son autorité par l'intermédiaire de son délégué Jean Moulin. Ancien chef de cabinet de Pierre Cot, préfet de Chartres en 1940 (où il avait essayé de se trancher la gorge plutôt que d'accuser injustement, comme le lui demandaient les Allemands, les tirailleurs sénégalais), démis par Vichy, il avait gagné Londres. D'emblée s'instaura entre ce préfet de gauche et le général une confiance totale. Parachuté en France au début de 1942, Moulin réussit, malgré les périls, à créer et à rassembler rue du Four à Paris, au printemps 1943, le Conseil national de la Résistancc qui rcgroupait les partis et mouvements sous l'autorité du général. Il fut ensuite arrêté par la Gestapo, mais le travail était fait, et de Gaulle put, face à Roosevelt, s'appuyer sur la Résistance intérieure.

« Jean Moulin n'a nul besoin d'une gloire usurpée : ce n'est pas lui qui a créé Combat, Libération, Franc-Tireur [...], mais c'est lui qui a fait l'armée » écrira Malraux dans son discours d'inauguration du transfert des cendres de Jean Moulin au Panthéon.

C'était aussi le temps des maquis et des messages personnels saugrenus (écrits par Pierre Dac) qui, à la BBC, leur transmettaient les ordres du général, du type « la grand-mère est tombée du grenier ».

De Gaulle avait bien besoin de la Résistance intérieure. À Alger, Darlan ayant été assassiné par un jeune patriote, Roosevelt poussa Giraud, un général brave au feu mais assez bête et surtout servile envers les Américains. Il le fit nommer commandant en chef civil et militaire. Mais le vent tournait. Le 2 février 1943, l'armée allemande capitulait à Stalingrad ; le 12 mai, elle était chassée d'Afrique.

Fin mai, de Gaulle put aller à Alger où fut constitué un

gouvernement français. Giraud ne faisait pas le poids en face du grand Charles. Il finit par démissionner. La République française se reconstitua en Algérie avec son Conseil des ministres et une Assemblée consultative où se regroupaient des hauts fonctionnaires, des résistants de l'intérieur et des Français de Londres. La légitimité n'était plus à Vichy, déconsidérée : l'État avait passé la mer et le proscrit du 18 juin le dirigeait !

En même temps, l'amalgame se réalisait entre l'armée d'Afrique, longtemps vichyste, et les Forces française libres. Ainsi se forma le 2e DB du général Leclerc. De Tunisie, les Alliés débarquèrent en Sicile, provoquant la chute de Mussolini le 24 juillet. Emprisonné, le Duce fut délivré par les parachutistes allemands. L'armée allemande occupa immédiatement l'ex-Alliée.

Mais à la mi 1943, l'Allemagne et le Japon restaient des puissances militaires impressionnantes. Comme le disait Churchill, « ce n'est pas le commencement de la fin, mais seulement la fin du commencement ».

Le général de Gaulle, qui avait recomposé la nation (Résistance intérieure, empire colonial, armée d'Afrique, Forces françaises libres, partis politiques) et se trouvait finalement là où son ancien patron, Reynaud, aurait dû aller trois ans plus tôt, sut profiter de la seconde partie de la guerre pour rendre à la France son « rang ». D'abord, il fallait que l'armée française reparût au combat. L'Italie en donnait l'occasion. Les Alliés avaient occupé facilement le sud de la péninsule mais, depuis des mois, ils piétinaient devant le monastère du Monte Cassino dans les Apennins où le maréchal Kesselring, l'un des meilleurs généraux de Reich, avait installé une ligne de défense inexpugnable.

Le corps expéditionnaire français commandé par le général Juin (un ami de Charles de Gaulle depuis Saint-Cyr), fort de deux cent cinquante mille hommes , entra dans la bataille. Les Alliés, alourdis par leurs blindés, ne pouvaient pas attaquer par les côtés. Juin lança dans les montagnes ses soldats marocains qui pouvaient marcher à pied sur les sentiers ravinés, leurs canons portés par des mulets.

« Les Marocains commandés par des officiers français, déclara Kesselring, sont la meilleure infanterie de montagne du monde, nous n'avons rien à leur opposer. » De fait, les goumiers enfoncèrent la défense allemande dans les Abruzzes et permirent ainsi la prise de Rome. « Là où se situent les Français, là se situe le cœur de la bataille », constatait Kesselring. Et le général Clark, réticent au début, envoya à Juin ce message enthousiaste : « Vous êtes en train de prouver à une France anxieuse que l'armée française a conservé ses plus belles traditions. C'est un honneur de vous avoir sous mes ordres. »

« C'est un honneur de vous avoir sous mes ordres. » Le général Clark au général Juin.

Bientôt, le corps expéditionnaire quitta l'Italie pour se transformer en première armée française sur laquelle devait reposer, sous les ordres du général de Lattre de Tassigny, le poids du débarquement en Provence. De Gaulle combattait les Allemands, mais il devait aussi s'imposer aux Alliés, en particulier aux Américains qui avaient prévu d'administrer la France libérée comme un pays occupé, avec l'AMGOT.

Le 6 juin 1944, les Alliés débarquaient en Normandie. Le 15 août, la première armée française débarquait en Provence. Des insurrections éclatèrent un peu partout en France, parfois sauvagement réprimées comme celle du Vercors. En août, le général Leclerc, à la limite de la désobéissance à ses chefs américains, lança sa 2e DB vers Paris où venait d'éclater une insurrection.

Partout, les commissaires de la République remplaçaient les préfets disparus de Vichy. Les Allemands avaient emmené Pétain chez eux à Sigmaringen, une ville d'eau comme Vichy, mais en Forêt-Noire.

Le 24 août, le peloton blindé du capitaine Dronne dont beaucoup de soldats étaient des républicains espagnols, parvint devant l'hôtel de ville, occupé par le Conseil national de la Résistance.

Le 25 août, après avoir retrouvé son bureau du ministère de la Guerre quitté quatre ans plus tôt, De Gaulle se rendait à l'hôtel de ville pour célébrer « Paris outragé, Paris brisé, Paris humilié, mais Paris libéré ! ».

Le 26, à la tête d'une foule anarchique, immense, il descendait les Champs-Élysées et allait à Notre-Dame, coup de bluff inouï : les Allemands étaient encore au Bourget ! Mais coup réussi : la légitimité de la nouvelle République et de son chef ne fut plus contestée par personne.

La libération de la France alla bon train. Arrivés à leurs frontières, les Allemands se remirent à résister avec vaillance. Ils arrêtèrent les Alliés. Seul Leclerc, par un coup d'audace, réussit à délivrer Strasbourg. L'Allemagne restait redoutable.

La France était dévastée. Les transports étaient détruits. Les communistes contrôlaient Toulouse et Limoges. Le général se mit à parcourir la France en tous sens, y rétablissant l'autorité. Il fit un voyage en URSS. Contre le retour de Thorez, réfugié à Moscou depuis 1940, De Gaulle réussit à mettre le PC dans son camp. Il rétablit l'ordre, interdit les exécutions sommaires, remplacées par une « épuration » judiciaire modérée, et désarma les milices.

Tout cela au milieu d'une immense allégresse populaire : « Celui qui n'a pas vécu la Libération en France, écrit Robert Paxton, ne sait pas ce que c'est que la joie. » Certes, il y eut des exécutions sommaires, des femmes tondues, mais, quand on compare ce qui s'est passé en France (l'ordre rétabli, l'État restauré, l'agriculture et l'industrie remises au travail) aux guerres civiles et aux massacres perpétrés en Italie, en Yougoslavie, en

Grèce, on ne peut que remercier De Gaulle d'avoir évité le pire, malgré l'hypothèque de Vichy.

L'Allemagne lança une dernière offensive victorieuse en décembre 1944 et janvier 1945. Le soldat allemand, jusqu'au bout, se battit avec héroïsme derrière son Führer. Le malaise allemand vient de ce qu'il est difficile d'honorer ce courage-là. Les Français ont leur « soldat inconnu » sous l'Arc de triomphe et Napoléon aux Invalides. L'héroïsme des troupes hitlériennes ne peut qu'être oublié, tant l'horreur de la cause défendue en rend impossible la célébration. Les soldats allemands sont morts deux fois : à la guerre et dans la mémoire de leurs fils.

Mais l'héroïsme a une fin ; bousculés à l'Ouest par les Alliés qui passaient le Rhin, à l'est par les Russes, les Allemands perdaient pied. Hitler se suicida dans son bunker. Le 8 mai 1945, le Reich capitulait.

À Berlin, le général de Lattre de Tassigny signa la capitulation nazie aux côtés des Russes, des Anglais et des Américains. Pénétrant dans la salle, le plénipotentiaire allemand ne put se retenir de s'écrier : « Quoi ? Les Français aussi ! »

L'honneur était retrouvé, la France figurait parmi les vainqueurs. À l'ONU, nouvellement créée, elle comptait parmi les cinq membres permanents du Conseil de sécurité. Militairement, la France libre (tout de même troisième puissance armée de l'Alliance occidentale : un million de soldats, dont cent mille résistants incorporés) n'a pas joué le rôle déterminant de la France de 1914. Mais sans De Gaulle, la fierté de la nation eut été à jamais compromise.

Le Japon, lui, n'était pas battu. Il aurait fallu des millions de morts pour en venir à bout. Le 6 août 1945, le président Truman, qui avait succédé par le jeu de la vice-présidence à Roosevelt, mort de maladie le 12 avril, fit larguer sur la ville japonaise d'Hiroshima la première bombe atomique de l'histoire, arme terrifiante mise au point dans le désert du Nevada par des physiciens du monde entier (dont des Français et Einstein). Le mental japonais, qui avait résisté à tout, s'effondra. Le Mikado dit à la radio qu'il fallait « accepter l'inacceptable ». Le Japon capitula, non sans condition : il garda son empereur.

Dans une France dévastée, le gouvernement devait faire face à une situation très difficile. Les élections eurent lieu, d'abord municipales, puis législatives. Transformée en constituante, l'Assemblée confirma de Gaulle dans ses fonctions de chef du gouvernement. Les communistes, les socialistes et le MRP (démocrates chrétiens) étaient les trois partis gagnants.

Les gouvernements du général d'août 1943 à janvier 1946 refondèrent la France sur des bases nouvelles. De Gaulle présida en fait le seul Front populaire qui ait jamais gouverné le pays et appliqua le programme du Conseil national de la Résistance : nationalisation du crédit et des industries stratégiques, sécurité sociale, vote des femmes. Les ordonnances de 1945 font penser aux grandes lois fondatrices de la Constituante de 1789.

Les ordonnances de 1945 font penser aux grandes lois de la Constituante de 1789.

Cependant, en désaccord avec la prépondérance des partis, de Gaulle donna sa démission en janvier 1946, assuré qu'on le rappellerait vite, et partit dans sa maison austère de Colombey-les-Deux-Églises.

CHAPITRE XI

RECONSTRUCTION ET MONDIALISATION

DE 1946 À 1990

La quatrième République fut une réplique « sociale » de la troisième République d'après 1914.

Sociale, à cause des réformes gaullistes, elle maintint la « sécu », les retraites et une politique familiale robuste ; réplique de la troisième car ce régime d'Assemblée, faible, où les gouvernements changeaient trois fois par an, fut toujours incapable d'affronter les crises.

Les partis surent cependant faire front commun pour empêcher le général De Gaulle de revenir au pouvoir. En 1947, le succès du parti qu'il avait créé, le RPF (Rassemblement du peuple français), aux élections municipales semble lui en ouvrir le chemin mais, en 1951, la loi des « apparentements » lui claqua la porte au nez. Découragé, le général se consacra, à Colombey, à la rédaction de ses splendides *Mémoires de guerre*. Les « apparentements » sont une loi vicieuse.

Soit une circonscription où le candidat gaulliste obtient 49 % des suffrages au premier tour. Les partis, communiste, socialiste, MRR, groupant chacun 16 % des électeurs. Avec les apparentements au deuxième tour, ils ne font plus qu'un malgré leurs divergences, soit 48 % et constituent cette majorité de « troisième force » qui sera l'épine dorsale du régime.

Le personnel politique avait peu changé malgré la guerre. On y retrouvait Reynaud, Blum et Daladier dont on a pu apprécier les hésitations passées. Seule exception, un homme de gauche qui fut un temps gaulliste, Pierre Mendès France. Mais on le laissera très peu gouverner. Cependant, grâce aux reformes du CNR, grâce à la qualité des hauts fonctionnaires formés par l'ENA, fille du gaulliste Michel Debré, grâce aux ordonnances de 1945, l'œuvre de ce régime faible ne fut pas nulle : les villes, les ponts, les infrastructures ont été reconstruites en un temps record. L'aéronautique française avec Marcel Bloch, qui, revenu de déportation, se fit appeler Dassault, retrouva sa place en face de celle des Américains. Malgré des grèves quasi insurrectionnelles, comme celle de 1947, les communistes furent à la fois écartés du pouvoir et maintenus sous contrôle.

À l'extérieur, la France se contentait de gérer son immense empire colonial et d'obéir en tout aux États-Unis. C'était le temps de la « guerre froide » entre les États-Unis et l'URSS. La France n'y prit part que symboliquement, ou plutôt l'existence d'un fort parti communiste en France fit qu'elle y prit part à l'intérieur d'elle-même.

Mais la gestion de l'empire n'était pas sans soucis à une époque où les Anglais avaient accordé l'indépendance aux Indes en 1947 et où, en 1949, les États-Unis avaient chassé les Hollandais, revenus en Indonésie. La France aussi était revenue en Indochine avec Leclerc dès 1945. Très vite, Leclerc comprit que la seule solution, si loin de France, était une indépendance négociée. Il rencontra le leader communiste Hô Chi Minh, se mit sous sa protection et l'invita à venir discuter un accord avec le général à Fontainebleau. Par malheur, de Gaulle ayant démissionné en janvier 1946, Hô Chi Minh repartit les mains vides, la quatrième République étant en effet incapable de prendre une décision claire. Dès lors, elle engagea les soldats de métier de

La quatrième République était incapable de prendre une décision claire.

l'armée dans une guerre sans perspective politique, du Tonkin à Saigon, qui coûta cher en vies humaines et en argent.

Comme la Chine était devenue maoïste en 1949, les dirigeants français s'efforcèrent d'insérer cette guerre dans celles de la guerre froide : Berlin, guerre de Corée. La France faisait d'ailleurs partie de l'OTAN, dirigée par les généraux américains. Les Français tenaient l'Indochine avec cent mille hommes dont beaucoup de tirailleurs maghrébins ou africains (les Américains, pour seulement la moitié du pays, en enverront cinq cent mille).

Le commandement français voulut forcer les Viêts au combat sous le feu d'une forteresse du haut Tonkin, choisie comme point d'appui : Diên Biên Phu. Ce n'était pas idiot car il croyait que Giap (le général viêt, formé au marxisme en France) ne possédait dans ses montagnes aucune artillerie. Mais Giap, au prix d'efforts inouïs sur la piste Hô Chi Minh, à dos d'homme ou de mulet, fit venir des canons russes par la Chine. Bombardé, alors qu'il n'y était pas préparé, le camp retranché fut obligé de capituler le 7 mai 1954.

La défaite du Diên Biên Phu ébranla l'Empire français

Grâce au seul gouvernement énergique de la quatrième République, celui de Mendès France, cette défaite ne se transforma pas en désastre et les Français se retirèrent lentement d'Indochine (où allaient leur succéder les Américains, lesquels partiront en catastrophe en 1975, pour une guerre sans merci). Mais ce retrait marquait une époque nouvelle.

La défaite à Diên Biên Phu ébranla l'Empire français. Quelques mois seulement après le 7 mai éclatèrent des révoltes en Algérie le 1er novembre 1954. Les deux guerres ont des liens : les officiers français qui commandèrent en Algérie croyaient avoir appris en Indochine la « guerre révolutionnaire » et en appliquèrent les méthodes (renseignements, torture). La plupart des chefs de la rébellion avaient fait leurs armes, au côté des

Français, en Indochine. Ben Bella, chef emblématique, était même un héros de la campagne d'Italie.

Le 1er novembre, la guerre d'Algérie éclatait. Mais si les guerres d'Indochine et d'Algérie ont les points communs que nous avons énoncés, elles sont très différentes. L'Algérie, proche de Marseille, où vivaient un million d'Européens, était considérée par les Français, mal informés, comme une partie du territoire national.

« L'Algérie, c'est la France ; une seule négociation, la guerre », s'écria le ministre de l'Intérieur François Mitterrand. Le gouvernement n'hésita pas, avec l'accord de tous les partis, y compris le parti communiste, à y envoyer le contingent, c'est-à-dire l'armée de conscription. Plus de trois millions de jeunes appelés combattirent en Algérie. L'armée y maintint en permanence cinq cent mille hommes.

Par l'Algérie, la France se trouva entraînée dans les problèmes du Proche-Orient. Le FLN avait son quartier général au Caire, protégé par le colonel Nasser. Quand celui-ci nationalisa le canal de Suez le 26 juillet 1956, le président du Conseil Guy Mollet lui fit la guerre, avec l'appui anglais, envoyant les parachutistes reconquérir le canal. Tancé par les Américains et les Russes, pour une fois d'accord, il prit peur et retira ses troupes, pourtant victorieuses. Cette palinodie dépeint l'hésitation de l'homme. Il ne fallait certainement pas lâcher les parachutistes sur Port-Saïd mais, une fois les armes sorties, il était grotesque de s'en aller si vite. Cette péripétie sanglante renforça les officiers, retournés en Algérie après cette vaine escapade, dans leur opposition au régime.

On ne peut pas comparer la guerre d'Algérie à celles de la guerre froide – Corée, Vietnam, Afghanistan –, même si elle dura le même temps (sept ou huit ans) et fit le même nombre de morts (trente mille tués chez les soldats européens, quelques centaines de milliers chez les indigènes). Notons que, dans les années 1950-1960, le peuple français pouvait encore admettre de perdre dans une guerre tant de milliers de ses enfants.

L'époque Guy Mollet fut aussi le grand moment de l'alliance avec Israël, l'Arabe étant l'ennemi commun. Mollet équipa Israël en avions Mirage et lui livra les éléments de sa futur bombe atomique.

La guerre d'Algérie fut très différente de ces conflits de la guerre froide : les Français étaient en Algérie depuis cent trente ans. Ils y avaient une population européenne importante et de nombreux appuis parmi les indigènes.

On oublie que beaucoup de musulmans furent partisans de l'Algérie française. On parle souvent des harkis, qui n'étaient que des supplétifs de village. Il y eut bien davantage, chez les indigènes, de fonctionnaires fidèles, d'instituteurs, d'officiers et de soldats « Algérie française ».

Ce fut donc une guerre civile, atroce, comme toutes les guerres civiles. Ce fut aussi une « guerre de Sécession » française, le Sud se séparant du Nord. Chaque fois que les faibles gouvernements de la quatrième République voulaient faire des réformes pour améliorer le statut des indigènes, les « lobbies » manipulés par les pieds-noirs faisaient tomber ces ministères. Ainsi chuta le héros de Suez, Guy Mollet. Il recula à Alger, non pas devant les bombes, mais devant les tomates lancées par les Européens.

Cependant, l'armée écrasa militairement l'insurrection et reprit le contrôle des villes (bataille d'Alger en 1957, admirablement restituée par le film éponyme de Pontecorvo) et des djebels, construisant aux frontières des barrages électrifiés. Mais elle ne reprit pas le contrôle des cœurs, au contraire.

La violence algérienne emporta le régime de la quatrième République, incapable d'y mettre fin. Le général De Gaulle sortit de Colombey et, avec une maestria machiavélique, saisit les rênes, adoubé par l'Assemblée.

Il eut le mérite de ne pas en abuser. Il ne voulut jamais être un dictateur. « La dictature, disait-il, on y entre facilement mais l'on en sort toujours mal ! » Il se contenta d'instaurer une démocratie parlementaire dotée d'un exécutif fort où le président de la République, bientôt élu au suffrage universel, sera le véritable chef du gouvernement.

Approuvée par référendum le 28 septembre 1958, la Constitution entra dans la réalité le 1er janvier 1959 quand Charles de Gaulle succéda au discret Coty comme président de la République. Dès ce moment, il pensait qu'il fallait se séparer de l'Algérie où il voyait un piège, qui empêchait l'armée française, engluée dans les djebels, de se moderniser.

En moins de neuf mois, il réussit à convertir le peuple français à ses vues et put alors, en septembre 1959, prononcer son fameux discours sur l'autodétermination.

En 1960, message clair, le général accorda l'indépendance à toutes nos colonies d'Afrique – la quatrième République l'avait fait en Tunisie avec Mendès France et au Maroc avec Edgar Faure, en 1956 –, du Sénégal à Madagascar en passant par la Côte d'Ivoire. Des ministres du gouvernement français, Léopold Sédar Senghor et Félix Houphouët-Boigny, devinrent présidents du Sénégal et de la Côte d'Ivoire.

Le signal était éclatant. Les ultras le comprirent et tentèrent leur tactique habituelle de pression : l'émeute. Mais De Gaulle n'était pas Guy Mollet. Les journées des barricades d'Alger en janvier 1960 ne l'émurent nullement. Alors, pour la première fois dans l'histoire de France, une partie de l'armée entra en rébellion avec les généraux Challe, Salan, Jouhaud et Zeller en avril 1961. À Paris, on trembla. Le vieux chef fit à la télévision son meilleur discours, évoquant un « pouvoir insurrectionnel [...] : un quarteron de généraux en retraite, une bande d'officiers au savoir-faire expéditif et limité ». Il s'adressa à la

France et conclut par des ordres clairs: « J'interdis à tout Français et, d'abord, à tout soldat d'exécuter aucun de leurs ordres. »

Évidemment, les appelés qui écoutaient le discours du président sur leurs transistors firent grève et les généraux rebelles, privés de troupes, furent obligés de se rendre…

En juillet 1962, après des accords négociés à Évian, l'Algérie devint indépendante. Comme l'indépendance accordée à l'Inde en 1947 par l'Angleterre dégénéra en partition (Pakistan, Inde, Sri Lanka, etc.) et en massacres, l'indépendance de l'Algérie se fit dans le chaos: des milliers de harkis furent tués. La totalité du million d'Européens fut contrainte à une fuite précipitée. Ce fut une tragédie. Non pour la France, à laquelle les pieds-noirs apportèrent leur vitalité, mais pour l'Algérie qui perdait d'un coup de nombreux cadres! La courte vue des chefs du FLN (Front de Libération National) et le fanatisme de mutins de l'OAS (Organisation Armée Secrète) en sont responsables. L'aventure coloniale française était terminée.

En 1968, une crise étudiante secoua le monde développé en son entier, à l'Ouest comme à l'Est.

Prudent, De Gaulle lui substitua la « coopération » qui maintint dans toutes les anciennes colonies (excepté le Vietnam où sévissait la guerre américaine) des milliers de techniciens européens et des bases militaires.

Débarrassé du problème algérien, de Gaulle put moderniser l'armée en la dotant d'une force de dissuasion nucléaire (la première bombe A française éclata en 1960 en Algérie). De Gaulle lança également un ambitieux programme de nucléaire civil.

À l'extérieur, il se posa en champion du droit des peuples à disposer d'eux-mêmes: défenseur des Palestiniens lors de la guerre des Six Jours (juin 1967), des Québécois au balcon de Montréal, des Vietnamiens dans les discours de Phnom Penh contre la guerre du Vietnam. En 1966, le général sortit de l'organisation intégrée de l'OTAN et expulsa les bases américaines de France. Il reconnut la Chine communiste. Cette politique d'indépendance mécontentait certains dirigeants français traditionnellement alliés des Anglo-saxons mais avait l'appui populaire. En 1967 comme en 1944, la France retrouvait son « rang ».

En 1968, une crise étudiante secoua le monde développé en son entier, à l'Ouest comme à l'Est. On oublie trop souvent l'Est, où la révolte étudiante diffère de celle de l'Ouest uniquement par les obstacles qui lui étaient opposés.

En effet, on ne saurait comparer les dirigeants américains, allemands ou français de cette époque à ceux de la Russie soviétique. Les Trente Glorieuses (1945-1975) avaient été efficaces pour la reconstruction et le développement. L'Ouest prit une extraordinaire avance sur l'économie communiste. On entrait dans la « société de consommation ».

La contestation de cette société commença aux États-Unis (mêlée à celle de la guerre au Vietnam) en Californie, à l'université de Berkeley. Puis le mouvement se diffusa en Europe, à Berlin, à Rome et à Prague. À Prague, le printemps étudiant fut écrasé par les chars russes. À Paris, à l'inverse, la révolte étudiante était une sorte de pièce de théâtre, regardée par les bourgeois depuis la fenêtre de leurs appartements haussmanniens. Les dirigeants français n'avaient aucune envie de faire tirer sur leurs filles et sur leurs fils qui juraient à la Révolution en édifiant des barricades rue Gay-Lussac. C'est pourquoi le slogan « CRS = SS » est idiot, obscène même, car les CRS étaient d'origine ouvrière, contrairement aux étudiants de ce temps-là, enfants des classes moyennes. Le PC et la CGT essayèrent d'étouffer ce mouvement sous la grève générale, sans succès.

L'empathie entre les barricadeurs et leurs papas des ministères était telle que le régime en fut ébranlé. De Gaulle a toujours professé que, quand la situation est « insaisissable », il faut prendre du champ. Il disparut une journée sans que personne sût où il était. Puis il revint comme la foudre et, après avoir dissous l'Assemblée sur les conseils de son Premier ministre Georges Pompidou, gagna les législatives. Mais il avait compris qu'il n'avait plus la main. Un an plus tard, sous un prétexte peu convaincant, il se retira : « Le président de la République cesse à minuit d'exercer ses fonctions. » On ne saurait être plus laconique. On ne le vit plus que de loin, image volée sur une plage irlandaise. Puis il eut la chance de mourir d'un coup, dans sa maison de Haute-Marne, avant la vieillesse, qui eut été pour lui « un naufrage ».

Pompidou lui succéda. Après la mort imprévue de celui-ci, Giscard d'Estaing accéda à l'Élysée où il sut appliquer bien des idées soixante-huitardes sur la réforme des mœurs, par exemplela loi Veil sur l'avortement. en matière d'immigration, il prétendit l'arrêter mais il ne fit qu'en transformer la nature par le biais du regroupement familial.

Le libertarisme de 68, teinté de surréalisme – « sous les pavés la plage » –, se transforma en individualisme libéral. Seuls les gauchistes allemands et italiens l'avaient pris au sérieux dans la « bande à Bander » ou les «Brigades rouges ». Ils choisirent la lutte armée par milliers.

En France, hormis certains fous d'Action directe, ils firent plutôt carrière. Daniel Cohn-Bendit, l'icône soixante-huitarde, est devenu un notable démocrate socialiste, vaguement repentant. Il désavoue en particulier ses propos indulgents sur la pédophilie. Il faut dire que, en Italie ou en Allemagne, les étudiants affrontaient des cadres issus du fascisme, alors qu'en France ils s'opposaient à ceux issus de la Résistance.

Le dialogue au bord d'une piscine de Nanterre, à propos de la mixité garçons-filles, entre Cohn-Bendit, alors petit contestataire inconnu, et un ministre, « compagnon de la Libération », illustre bien cette différence entre Rome, Berlin et Paris.

Ce grand souffle de libération des mœurs eut de bons côtés mais il marqua l'effondrement de la notion de bien commun, au profit du zapping consumériste et de la publicité, et aussi, malgré les drapeaux rouges, la fin de l'idéologie marxiste. Le monde soviétique ne fut évidemment pas épargné.

En 1978, un Polonais, Karol Wojtyla, fut élu pape sous le nom de Jean-Paul II. C'était une provocation pour les Russes qui tentèrent, en vain, de le faire assassiner sur la place Saint-Pierre en 1981. Le Kremlin, où ne régnaient plus que des vieillards, n'y comprenait plus rien. Le pape n'était certes pas soixante-huitard, mais ce conservateur était porté, sans le comprendre, par le souffle né à Berkeley et allumé à Paris.

En mai 1981, l'élection triomphale de François Mitterrand à la présidence de la République souleva l'enthousiasme. On allait cette fois-ci « changer la vie », pas au bénéfice des fils de bourgeois mais des gens simples. Cette illusion lyrique dura deux ans.

Dès 1983, la gauche renonça à l'économie mixte des Trente Glorieuses et du Conseil national de la Résistance, pour se convertir à l'ultralibéralisme conçu comme une nécessité fatale. Elle devint européenne, découvrit les vertus de la Bourse et transforma les socialistes en antiracistes. L'association SOS Racisme, créée depuis l'Élysée, fut le symbole de cette transformation du socialisme en bien-pensance à l'américaine. Sauvy, grand économiste et démographe français, enseignait que toute politique doit viser les classes moyennes, les pauvres pouvant espérer s'y intégrer.

Après 1983, la politique glissa progressivement au service des plus aisés.

Après 1983, contrairement à son enseignement, la politique glissa progressivement au service des plus aisés. La « justice sociale» devint un slogan ringard. Il suffisait aux riches de s'occuper des «exclus» pour se donner bonne conscience et ignorer la question sociale. En somme, on revenait aux «bonnes œuvres» de la société balzacienne.

Le 11 mars 1985, le Politburo de Moscou nomma secrétaire général Mikhaïl Gorbatchev (cinquante et un ans) qui savait parfaitement que les Russes de son époque avaient oublié le «grand soir», fascinés qu'ils étaient fascinés par la société de consommation, laquelle en Occident avait fini par digérer les socialistes et les soixante-huitards eux-mêmes. Il savait que l'URSS n'était plus capable de soutenir la concurrence économique de l'Occident ni la course aux armements.

François Mitterrand le reçut presque immédiatement dans les fastes du Trianon à Versailles. Gorbatchev voulait la réforme, la «perestroïka» mais le courant était trop fort pour qu'il pût y résister. L'Église catholique de Jean-Paul II et les syndicats de Pologne à Gdansk le défiaient ouvertement. Et, pour la première fois depuis 1945, l'URSS n'envoya pas ses chars. De plus, l'armée Rouge se retirait en déroute d'Afghanistan, comme les États-Unis s'étaient retirés du Vietnam en 1975.

Depuis 1945, l'Allemagne était divisée en deux: l'Allemagne fédérale s'opposait à l'Allemagne de l'Est. À Berlin, un mur séparait les secteurs occidentaux et orientaux depuis 1961. vMais, le 9 novembre 1989, les Vopos qui gardaient le mur refusèrent de tirer sur ceux qui voulaient l'escalader. En quelques jours, le mur fut démoli. Gorbatchev laissa faire. En vain, les généraux communistes tentèrent un putsch en août. Il échoua. Puis Boris Eltsine chassa Gorbatchev. En décembre 1991, l'URSS éclata en multiples États. Usé par l'alcool, Eltsine fut remplacé en mai 2000 pour gouverner ce qui restait de la Russie par Vladimir Poutine.

L'immense événement de la chute du mur mettait fin à un

XXe siècle dominé depuis 1937 par la question communiste. De fait, le XXIe siècle a commencé en 1990.

En France, le président Mitterrand venait d'être élu pour un second mandat. Il ne se réjouissait pas de la réunification allemande, ce qu'on lui a reproché. Les États-Unis devenaient sans contrepoids la puissance dominante. Mitterrand se consolait en accélérant la construction européenne.

Depuis le traité de Rome en 1957, les États de l'Europe occidentale étaient engagés dans une union, d'abord appelée CEE (Communauté économique européenne) et dotée de plusieurs institutions : la Commission, qui siège à Bruxelles, gère les fonds et adopte des directives qui s'imposent à tous, le Conseil, véritable centre de décision, créé en 1974, rassemble ministres ou chefs d'État ou de gouvernement, et le Parlement, à cheval entre Bruxelles et Strasbourg, élu au suffrage universel depuis 1979. De Gaulle, en 1958, avait accepté les faits.

Faire coopérer les États européens est une bonne idée.

François Mitterrand fit voter l'« acte unique européen ». Il voulut remplacer l'utopie socialiste par l'utopie européenne. Avec l'écroulement du mur de Berlin, la primauté donnée à l'Europe sur la question sociale, l'hégémonie des États-Unis, s'achèvent les années de reconstruction et de décolonisation. La guerre froide se termine également. La diplomatie gaulliste qui profitait de la rivalité entre les deux superpuissances n'était plus adaptée. La France, reconstruite, comptait encore parmi les principales puissances mais elle était contrainte de s'adapter à un monde nouveau.

CHAPITRE XII

LA FRANCE AUJOURD'HUI ET DEMAIN

DE 1990 À 2016

Il y a deux manières de concevoir l'Union européenne : la pragmatique et l'idéologique. La pragmatique, qui fut celle de De Gaulle, veut faciliter la coopération des nations. Les Européens sont très forts quand ils construisent ensemble : Airbus, Ariane…

L'idéologique rêve d'un super État fédéral. Elle eut son utilité pour réinsérer dans la démocratie l'Allemagne nazie, l'Italie fasciste, l'Espagne franquiste, la Grèce des colonels et les pays anciennement communistes. Ces temps-là sont révolus. L'Europe ne ressemble pas aux États-Unis d'Amérique, qui, quoique État fédéral, constituent en fait une seule nation. Victor Hugo, par ailleurs ardent patriote français, se trompait quand il évoquait les futurs « États-Unis d'Europe ».

Riche de ses civilisations communicantes mais diverses, l'union n'aurait rien à gagner à dissoudre les nations qui la constituent. Il y a « des » peuples européens et non pas « un » peuple européen.

La France, vieil État-Nation situé au cœur de l'Europe, ne saurait négliger l'Union européenne. Mais le rejet en 2005 de la Constitution européenne doit être pris en compte : il ne signifie pas un rejet de l'Europe mais le refus de s'y dissoudre.

Une certaine idéologie à la mode menace les nations. Si les grands nationalismes français, anglais, allemand ont perdu leur venin, les micro-nationalismes sont agressifs. L'utopie d'une

« Europe des régions » dans laquelle, sous la bienveillante autorité de Bruxelles, une Catalogne indépendante dialoguerait avec une Corse indépendante fait frémir ! Après la mort du maréchal Tito en 1980, cette idéologie a peut-être contribué au suicide de la Yougoslavie… La Yougoslavie, union de Slaves parlant la même langue, était sur le point de créer un patriotisme commun. D'ailleurs, beaucoup de jeunes se disaient « yougoslaves », « yougos ». Mais, en juin 1991, Slovènes et Croates proclamèrent l'indépendance de leurs régions. La Bosnie et la Macédoine en firent autant un mois après. Les Serbes, répandus dans tout le pays, ne l'admirent pas. Ce fut la guerre.

La première opposa les Serbes aux Croates. D'abord battus, les Croates, avec l'appui des États-Unis et du Vatican, finirent par vaincre en 1995. Ils doublèrent la superficie de leur État et annexèrent la côte dalmate, chassant les populations serbes de la Krajina. Leur dictateur Tudjman était comparable au dictateur serbe Milosevic. Mais on pardonne beaucoup aux vainqueurs.

En 2005, le rejet de la Constitution européenne ne signifie pas un rejet de l'Europe mais le refus de s'y dissoudre.

La Bosnie devint un État artificiel partagé de fait entre trois populations : les Croates qui ne rêvent que de rejoindre l'État croate, les Serbes qui rêvent de rejoindre Belgrade, et une minorité musulmane (ottomane) autour de Sarajevo. Cet État existe par la seule présence des troupes envoyées par les pays européens.

On reprocha au président Mitterrand d'être proserbe ; c'est qu'il se souvenait des deux guerres mondiales où les Serbes avaient été nos alliés fidèles. Mais, en janvier 1991, il participa allègrement à la guerre du Koweït. Celle-ci était une éclatante démonstration de l'hégémonie américaine. Elle n'aurait pas pu avoir lieu si l'URSS avait encore existé, le parti Baas et Saddam Hussein étant protégés par les Soviets.

Notons que le Koweït est une création de l'impérialisme anglais de 1918 qui voulait couper sa nouvelle colonie d'Irak de ses accès à la mer.

Cependant, envahir par les armes un État quel qu'il soit n'est pas un procédé acceptable. La première guerre du Golfe fut donc « légale ». Mitterrand y participa. Elle eut des objectifs limités. Le Koweït libéré, la coalition se garda d'occuper Bagdad. Bush père était plus avisé que Bush fils !

D'ailleurs, le véritable ennemi des États-Unis était plutôt l'Iran où Khomeyni avait déclenché en 1979 un putsch chiite anti-américain. Notons que l'Irak de Saddam lui fit une guerre acharnée et meurtrière avec le soutien des démocraties occidentales. La France envoya des avions Super-Étendard pilotés par des français soutenir les Irakiens et combattre les Iraniens.

La guerre du Koweït fut une éclatante démonstration de l'hégémonie américaine.

En 1995, le président Chirac fut élu. Moins attaché aux Serbes que Mitterrand, il les fit attaquer efficacement à Sarajevo. En 1999, la guerre recommença au Kosovo. Cette région, berceau de la nation serbe, a été progressivement occupée par une immigration albanaise qui s'est substituée à la population serbe.

Cette guerre yougoslave fut cruelle. Belgrade y a été bombardée (une première en Europe depuis 1945) par les forces de l'OTAN. Le Monténégro, royaume d'opérette depuis le XIV siècle, est devenu Serbe. Il ne produit rien. Pour profiter des fonds structurels européens, il a voulu devenir indépendant en mai 2006, coupant ainsi la Serbie de son débouché sur la mer.

L'avenir de cette région est sombre : comment pourra-t-on refuser aux Serbes de Bosnie de se rattacher à la Serbie alors que l'on vient de permettre à ceux du Monténégro de s'en séparer ? La Macédoine, peuplée d'Albanais, de Serbes, de Bulgares, va éclater d'un instant à l'autre. Où s'arrêtera la fragmentation ?

Quant aux musulmans de Sarajevo, jadis davantage « yougoslaves » que les autres, ils ne savent plus très bien aujourd'hui où ils sont. Les Albanais eux, non point slaves mais skipétars, sont en train de submerger démographiquement les pays voisins et développent le rêve d'une « grande Albanie », le Kosovo s'étant déjà proclamé indépendant.

Qu'a fait l'Europe à part avaliser et envoyer des troupes pour séparer les combattants ? Quel gâchis ! Et dire que la Yougoslavie était, il y a une ou deux générations, l'État modèle et pacifique où voulaient voyager de très nombreux jeunes Européens !

Cette mode de la division n'épargne aucun pays de l'Union : l'Écosse veut se séparer de l'Angleterre, mettant fin au Royaume-Uni. La Catalogne veut divorcer de la Castille. Isabelle de Castille et Ferdinand d'Aragon sont en train de divorcer dans l'indifférence générale, sans parler des Basques. La Belgique est sur le point d'éclater. La Slovaquie a quitté la Bohême (République tchèque). La « ligue du Nord » italienne veut renvoyer à leurs mafias les régions de l'Italie du Sud. La France, pays pourtant fort artificiel, tient mieux. À l'exception de la Corse, on n'y discerne pour le moment aucun mouvement séparatiste sérieux. Mais qu'en sera-t-il demain ?

La richesse de l'Europe est de rassembler des grandes nations-civilisations communicantes mais diverses

Mammifère territorial, l'être humain a besoin de marquer son territoire. Freud discernait en lui trois instincts puissants : la sexualité, la hiérarchie, le territorialisme (que l'on voit renaître avec force dans les « bandes de quartier »). Il faut humaniser ces instincts : transformer la sexualité en amour, la hiérarchie en démocratie, le territorialisme en patriotisme ouvert.

Reste la question de savoir à quel niveau situer le patriotisme. Plus haut que la cité, moins que l'empire, la nation semble un bon niveau. La richesse de l'Europe est de rassembler des grandes nations-civilisations communicantes mais diverses : la française, l'allemande, l'anglaise, l'italienne, l'espagnole, la portugaise, la russe, pas la civilisation ottomane, malgré ses mérites. Freud nous a appris le danger du refoulement. Chassé des vieilles nations, le patriotisme ne se reporterait pas sur l'Union, trop lointaine et technocratique, mais sur la Bretagne, ou encore la Corse ou le Kosovo…

Le 11 septembre 2001, le monde changea de décor, encore une fois. L'attentat anti-américain des intégristes musulmans sur les *Twin Towers* frappa l'opinion de stupeur. On le compara à Pearl Harbor. Il existe des ressemblances (surprise, nombre de morts) mais, à Pearl Harbor, un État attaquait la marine de guerre d'un autre État. Les morts étaient des soldats. Quel État a-t-il voulu faire sauter les tours ? Al-Qaida n'est même pas une organisation centralisée, c'est une marque « franchisée » par les intégristes. Elle ne demande rien que la disparition de l'autre.

Le 11 septembre 2001, le monde changea de décor, encore une fois.

En 1994, les intégristes avaient détourné un avion d'Air France dans le but de le diriger sur la tour Eiffel. Leur coup échoua car ils furent obligés de se fier aux pilotes français qui posèrent l'Airbus à Marignane où le GIGN put le prendre d'assaut. Les intégristes en conclurent qu'il leur fallait former des pilotes. De fait, les commandos du 11 Septembre prirent eux-mêmes les commandes. Pour la petite histoire, l'un des kamikazes reçut son brevet de pilote après sa mort, la bureaucratie ne perdant jamais ses droits. L'opération fut menée comme un film catastrophe américain et eut un retentissement énorme et imprévu. Ben Laden lui-même n'avait pas imaginé que la chaleur dégagée transformerait les poutres d'acier en liquide – un bâtiment de bois eut mieux résisté. Les services de renseignement américains s'étaient montrés nuls. Les terroristes ne téléphonant pas, les écoutes et les satellites espions ne servirent à rien. Déconcentré, le dragon américain frappa dans le vide. Certes, il occupa l'Afghanistan, base des talibans (que la CIA soutenait encore peu de temps auparavant contre les Russes). Mais la conquête de l'Irak par l'armée américaine en 2003 fut une grave erreur. Saddam Hussein était un petit Staline, pas un intégriste. Il avait admiré le communisme et détestait Ben Laden.

Cette intervention où s'est engluée l'armée des États-Unis a créé un tel chaos que l'on se demande comment le gouvernement de Washington pourra s'en tirer. Ce fut la meilleure action du président Chirac que de tenir la France à l'écart de ce cloaque. Cet épisode éclaire aussi le leurre d'une politique étrangère unique en Europe. Dans cette affaire, les pays de l'Union furent radicalement divisés.

La France est un « être collectif » qui reste prégnant aujourd'hui encore.

En 2007, le président Sarkozy a été élu car il donna l'impression de récuser la fatalité et de vouloir pratiquer une politique nationale et volontaire. Mais, dès le début de son mandat, la ratification de la « Constitution Européenne », rejetée pourtant par les Français par le référendum de 2005, démentit cette impression. En fait, le président de droite Sarkozy comme en 2012 son successeur de gauche Hollande, ont abandonné le véritable pouvoir à Bruxelles où des commissaires non-élus décident d'une politique de déflation et de renoncement dont les effets depuis 1929 sont connus : enrichissement des super-riches, appauvrissement des classes moyennes, délocalisation des entreprises. En deux quinquennats, la France a perdu la moitié de son industrie et Paris ne dirige plus que l'Armée et les mœurs.

L'armée française, malgré de fortes restrictions budgétaires, demeure la première d'Europe et à vrai dire la seule, l'Angleterre ayant renoncé. De plus, l'armée obéit aux présidents. Ce qui permit à Sarkozy de la compromettre dans une expédition imbécile contre un dictateur qui avait, depuis longtemps, cessé de nous nuire et de créer ce chaos libyen par lequel passent les nouveaux « boat-people ». Hollande utilisa l'armée plus judicieusement en l'envoyant au secours du Mali dans une expédition assez réussie, continuant ainsi, lui le socialiste, la « politique africaine de la France ».

En matière de mœurs, le président Hollande a fait deux choses : il a, malgré une forte opposition populaire, imposé le mariage homosexuel au début de son mandat. En bon malthusien, il a ensuite rompu au nom de l'égalité avec la politique familiale suivie depuis 1945. Alfred Sauvy expliquait pourtant que la politique de natalité ne devait avoir aucun rapport avec la politique d'égalité, réservée à l'impôt. La République doit accueillir chaque enfant sans tenir compte de son milieu. En 2014, tous les acquis de 1945, quotient familial, allocations et primes furent enlevés aux classes moyennes. Le résultat ne se fit pas attendre : en 2015, la natalité diminua. Le Président Hollande, impuissant à faire diminuer la courbe du chômage a réussi à faire baisser celle de la natalité !

À ce triste tableau s'ajoute des troubles graves provenant d'une immigration incontrôlée et volontairement non-assimilée. Le champion de la droite, l'élégant Alain Juppé, n'affirme-t-il pas qu'au nom du droit à la différence, « il ne faut pas assimiler » ?

En 2015 des islamistes fanatiques ont exécuté, en janvier, la rédaction entière du journal satirique *Charlie Hebdo* et en novembre cent-trente jeunes gens attablés à la terrasse des cafés ou assistant à un concert au Bataclan. Ayant abandonné depuis longtemps l'Histoire de France et ridiculisé l'appartenance spéciale à une Patrie, on voit mal la classe dirigeante réagir.

Cependant il ne faut pas désespérer. La France a dominé le monde au XVIIe et au XVIIIe siècles. Elle a aussi failli disparaître deux fois, en 1420 au Traîté de Troyes et en 1940 avec Vichy. Elle a resurgi.

Elle garde des ressources et son peuple, à défaut de ses dirigeants, a toujours envie de vivre. Elle se sortira de cette crise.

Pays divers (qu'y a-t-il de commun entre un Alsacien et un Breton, à part la nationalité ?), c'est aussi un « être collectif » qui reste prégnant aujourd'hui. C'est par exemple un pays « exogame », où l'on se marie à une femme d'une autre tribu. Là se trouve la vraie raison de l'hostilité des Français au voile islamique. Le voile signifie: « Ne touchez pas à nos femmes. » Cette interdiction est intolérable au Français « exogame ». À l'inverse, elle ne gêne en rien l'Anglo-saxon « endogame » qui ne songe absolument pas à se mettre en ménage avec la Pakistanaise !

Autre exception française : une natalité satisfaisante, la France, ayant fait sa révolution démographique plus tôt, pendant la Révolution. Par ailleurs, les mères peuvent y travailler sans encourir l'opprobre et les jeunes couples faire des enfants sans être religieux. N'oublions pas l'école maternelle qui assure à la mère française de voir son enfant pris en charge au plus tard à trois ans. La France sera le pays le plus peuplé d'Europe dans vingt ans, alors que nos voisins sont en plein effondrement démographique. Or, ce sont les jeunes (appartements, éducation, équipements) qui font marcher l'économie et non les « seniors ».

Très vaste pour l'Europe, la France dispose encore de secteurs industriels performants : l'aéronautique, le spatial, les chemins de fer, l'industrie agro-alimentaire et pharmaceutique et une agriculture puissante.

Membre permanent du Conseil de sécurité de l'ONU, la France a su garder une armée dissuasive et une force nucléaire indépendante. L'Agglomération parisienne et ses quinze millions d'habitants est, avec le TGV, la seule vraie mégalopole du continent (Londres étant excentrée). Surtout, les relations humaines, malgré les problèmes liés aux délocalisations et à des flux migratoires complexes, y sont bonnes.

La France est encore le pays de l'art de vivre, la première destination touristique du monde. Elle présente de la modernité un visage plus avenant que celui du modèle américain.

Dans un monde multipolaire, elle pourrait longtemps encore jouer un rôle important et devenir une sorte d'« Athènes des nations » si ses dirigeants ne se fourvoient pas.

MAQUETTE ET MISE EN PAGES

Zeharbegi@

ACHEVÉ D'IMPRIMER EN MARS 2016
SUR LES PRESSES DE L'IMPRIMERIE CORLET S.A.
À CONDÉ-SUR-NOIREAU (14)
DÉPÔT LÉGAL : MARS 2016. N° D'IMPRESSION 179527
IMPRIMÉ EN FRANCE